Die Autoren

Dr.-Ing. J. Dorn, TU Wien
Dipl.-Ing. B. Freyermuth, TH Darmstadt
Dipl.-Ing. A. Gschwind, InterFace Comp. München
Dipl.-Inform. C. Hagemann, werum Lüneburg
Dr.-Ing. H.-W. Hein, Universität Dortmund
Dr.-Ing. H. Hensel, Hartmann & Braun Frankfurt
Dr.-Ing. W. Herden, BOSCH Stuttgart
Dipl.-Math. R. Heyers, MBB München
Dipl.-Ing. M. Kerndlmaier, Universität Dortmund
Dr.-Ing. Th. Röhrich, FAE Stuttgart
Dipl.-Inform. U. Schmidt, Systemtechnik München
Dr. rer. nat. H. Voß, GMD Bonn
Dr.-Ing. B. Wagner, GPP München
Dr. rer. nat. C. Weisang, ABB Heidelberg
Dr. rer nat. H. Weiß, PSI Aschaffenburg

Kurzlexikon Wissensbasierte Systeme

Herausgegeben im Auftrag der GMA
von W. Herden und H.-W. Hein.

R. Oldenbourg Verlag München Wien 1990

Dieses Kurzlexikon wurde innerhalb der VDI/VDE-Gesellschaft
Meß- und Automatisierungstechnik (GMA),
Ausschuß A 4.2 „Programmier- und Entwurfsmethoden", erstellt
durch Mitglieder des Unterausschusses
4.2.3. „Wissensbasierte Systeme in der Automatisierungstechnik".
Die Erstveröffentlichung erfolgte als Supplement zu Heft 2/1990
der Zeitschrift
atp - Automatisierungstechnische Praxis
unter dem Titel
Wissensbasierte Systeme
Zusammenstellung und Beschreibung wichtiger Begriffe
Terminologiepapier der GMA.

CIP-Titelaufnahme der Deutschen Bibliothek

Kurzlexikon Wissensbasierte Systeme / hrsg. im Auftr. d. GMA
von W. Herden u. H.-W. Hein. Die Autoren: J. Dorn... - München ; Wien :
Oldenbourg, 1990
  ISBN 3-486-21718-6
NE: Herden, Wolfgang [Hrsg.]; Dorn, Jürgen [Mitverf.]

© 1990 R. Oldenbourg Verlag GmbH, München

Das Werk einschließlich aller Abbildungen ist urheberrechtlich geschützt. Jede
Verwertung außerhalb der Grenzen des Urheberrechtsgesetzes ist ohne Zu-
stimmung des Verlages unzulässig und strafbar. Das gilt insbesondere für Ver-
vielfältigungen, Übersetzungen, Mikroverfilmungen und die Einspeicherung
und Bearbeitung in elektronischen Systemen.

Gesamtherstellung: R. Oldenbourg Graphische Betriebe GmbH, München

ISBN 3-486-21718-6

Vorwort

Das vorliegende Terminologiepapier ist in den Jahren 1985–1988 während der Arbeitssitzungen des Unterausschusses 4.2.3 entstanden. Dafür soll an dieser Stelle sowohl den angegebenen Autoren gedankt werden, die durch Wortbeiträge zum Gelingen beigetragen haben, wie auch den übrigen Ausschußmitgliedern, deren Beiträge für die Aufstellung des Gliederungsschemas äußerst wertvoll waren.

Bei der Beschäftigung mit wissensbasierten Systemen wurde sehr bald deutlich, daß weder bei der Erforschung und Entwicklung derartiger Systeme noch bei ihrer Anwendung klare Definitionen der verwendeten Begriffe zur Verfügung stehen. Darüberhinaus werden zum Teil unbewußt, zum Teil aber auch gewollt doppeldeutige, schlecht abgegrenzte und englischsprachige Begriffe verwendet, was selbst zwischen Fachleuten zu Verständigungsproblemen führt. Neue Entwicklungen ziehen eine Welle neuer Bezeichnungen mit sich, selbst wenn die inhaltlichen Wandlungen nur graduell sind.

Diese Situation wird durch den Umstand verschärft, daß aktuelle Entwicklungen stark durch die verwendeten Systeme, Werkzeuge und Sprachen geprägt werden. Hieraus artikuliert sich der Wunsch nach einem einfachen Gliederungsschema sowie einer herstellerneutralen Beschreibung der zur Anwendung kommenden Begriffe.

Daneben existieren vielfältige organisatorische Bereiche, die eine möglichst exakte, verbale Beschreibung eines Sachverhalts in Form von Spezifikationsschriften, Pflichtenheften, Verträgen, Leistungsbeschreibungen und anderem benötigen. In der Regel werden hierbei fachspezifische, formalisierte Sprachen verwendet, die jeweils juristische, organisatorische und technologische Zusammenhänge eindeutig beschreiben. Aus diesem Grund ist bei der Ausarbeitung ebenso der Ansatz zu einer begrifflichen Flurbereinigung verfolgt worden. Damit lag das Hauptaugenmerk weniger auf der detaillierten, vollständigen Definition als vielmehr auf der Fixierung einzelner Begriffe in ihrem Kontext.

Gleichwohl erkennen wir an, daß hiermit nur ein erster Schritt gemacht ist. Wir hoffen, anderen Praktikern, die vor ähnlichen Problemen und Fragen stehen, eine Hilfestellung geben zu können und sind für jede positive wie negative Rückkopplung im konstruktiven Sinne dankbar.

W. Herden, im Juni 1990

Inhalt

Vorwort 5

1.	**Wissen**.................................	11
2.	**Wissensbereiche**........................	14
	⟨Wissensgebiete, Wissensfelder⟩	
3.	**Wissensarten** ⟨Wissenstypen⟩.............	15
3.1.	Analytik.................................	15
3.1.1.	Abstrakter Automat	16
3.1.2.	Algorithmus	16
3.1.3.	Axiomensystem.........................	18
3.2.	Heuristik	18
3.2.1.	Heuristisches Suchen/Verfahren	19
3.2.2.	Heuristische Beschreibung...............	20
4.	**Wissenserwerb**..........................	21
	⟨Wissensakquisition und -pflege⟩	
4.1.	Lernen..................................	22
4.2.	(Fachbereichs-)Experte...................	23
4.3.	Wissensingenieur	24
5.	**Wissensrepräsentation**	25
5.1.	Constraints	26
5.2.	Konnektionismus.......................	27
5.3.	Logik...................................	28
5.3.1.	Klassische Logik	30
5.3.1.1.	Aussagenlogik..........................	30
5.3.1.2.	Prädikatenlogik	30
5.3.2.	Nicht-Klassische Logik...................	33
5.3.2.1.	Fuzzy-Logik	33

5.3.2.2. Modallogik 34
5.3.2.3. Nicht-monotone Logik.................... 36
5.3.2.4. Zeitlogik ⟨Temporal Logic⟩ 37
5.4. Netze.. 40
5.4.1. Semantische Netze........................ 40
5.4.2. Neuronale Netze 41
5.5. Objekte..................................... 42
5.6. Prozeduren, Funktionen................... 45
5.7. Aktoren, Prozesse 46
5.8. Regelmenge................................ 47
5.9. Relationales Datenmodell 48
5.10. Skripte 51

6. **Wissensbasiertes System ⟨WBS⟩** 53
6.1. Arten....................................... 55
6.1.1. Expertensystem........................... 55
6.1.2. Modellbasiertes System 57
6.2. Architektur 59
6.2.1. Aktorsystem 59
6.2.2. Hybrides System 60
6.2.3. Konnektionistisches System 61
6.2.4. Logikorientiertes System 62
6.2.5. Objektorientiertes System 63
6.2.6. Produktionssystem ⟨production system⟩ .. 64
6.2.7. Tafelsystem ⟨blackboard system⟩ 64
6.3. Komponenten........................... 66
6.3.1. Wissensbasis 66
6.3.2. Wissensverarbeitung 67
6.3.2.1. Wissensverarbeitung im Aktorsystem...... 67
6.3.2.2. Wissensverarbeitung im konnektionistischen System.. 67
6.3.2.3. Wissensverarbeitung im logikorientierten System.. 68

6.3.2.4. Wissensverarbeitung im objektorientierten
System.................................. 70
6.3.2.5. Wissensverarbeitung im Produktionssystem 72
6.3.3. Wissenseingabe.......................... 73
6.3.4. Wissenskonsultation 75
6.3.5. Wissensverwaltung....................... 76
6.4. Werkzeuge zum Bau 77
6.4.1. Expertensystemschale ⟨Expertensystem-
rahmen, expert system shell⟩ 77
6.4.2. KI-Entwicklungsumgebung 78

Schrifttum 79
Aufgeführte Systeme / Sprachen 83
Wörterverzeichnis englisch-deutsch 85
Stichwortverzeichnis 93

Hinweise für den Leser

- ⎯K⎯ Kurzerläuterung
- ⎯L⎯ Langerläuterung
- ⎯B⎯ Beispiel
- ⎯S⎯ Schrifttum
- * Verweis auf Definition/Erklärung des Begriffes
- ⟨ ⟩ Ein synonymer/englischer Begriff/Abkürzung

1. Wissen

[K] Modellierung eines Ausschnitts der Wirklichkeit durch subjektiv wahre Aussagen. Grundlage und Ergebnis menschlichen Denkens.

[L] Wissen ist, ungeachtet der philosophischen Aspekte, der zentrale Begriff bei dem Wunsch, menschliche kognitive Fähigkeiten durch Rechner nachzubilden. In diesem Zusammenhang wird häufig der Begriff „Computeranwendung der dritten Generation" verwendet. Nach der Datenverarbeitung, die basierend auf elementaren Dateneinheiten die prinzipiellen Speicher- und Verarbeitungsalgorithmen bereitstellte sowie der Informationsverarbeitung, die die Relation und die Verarbeitung von Informationsstrukturen ermöglichte, sollen mit Hilfe der *Wissensverarbeitung komplexe, bisher nur vom Menschen bewältigte Aufgaben gelöst werden.

Unter Wissen versteht man allgemein ein extrahiertes Abbild der gesamten Wirklichkeit bestehend aus einer Menge von wahren Aussagen über die reale Welt, speziell innerhalb der Rechneranwendung das in einem Rechner nachgebildete Modell bzw. Teilmodell.

In der Künstlichen Intelligenz wird abgrenzend dann von Wissen gesprochen, wenn bei einer gegebenen Menge von Informationen

- die Zahl der auftretenden unterschiedlichen Informationsstrukturen im Verhältnis zu ihrer Wiederholung hoch ist (Komplexitätskriterium)
- die Zahl der Relationen zwischen den Informationselemente im Verhältnis zu ihrer Anzahl hoch ist (Konnektivitätskriterium)

Bei der Modellierung unterscheidet man zwischen behavioristischem und mentalem Ansatz. Bei ersterem liegt der Schwerpunkt auf der Nachbildung der äußeren Erscheinungsform und Ergebnisse, d. h. auf einem sog. Leistungsmodell. Bei zweiteren hingegen liegt der Schwerpunkt auf der Modellierung der inneren Zusammenhänge und Wirkungsweise, d. h. auf einem sog. Funktionsmodell.

Der heutige Erfolg beim Einsatz von *Expertensystemen liegt darin begründet, daß, obwohl nur ungenügende Kenntnisse über mentale Vorgänge existieren, durch Restriktion des Modellierungsbereichs und strikt behavioristisches Vorgehen die Leistungsfähigkeit von menschlichen *Experten erreicht oder sogar übertroffen wird.

Als Mittel zur Beschreibung von Wissen benutzt der Mensch formalisierte Sprachen. Das sprachliche Symbol repräsentiert hierbei einen inneren Begriff. Eine gebräuchliche symbolische Sprache ist z. B. die mathematische Formelsprache. Neben der Beschreibung dienen diese Sprachen auch zur Vermittlung und Erweiterung von Wissen. Aus diesem Grund wird im traditionellen Ansatz der KI-Forschung das Paradigma der Symbolverarbeitung betont, um menschliche, kognitive Leistung nachzubilden, z. B. symbolverarbeitende Sprachen wie Lisp oder Anwendungen wie Macsyma zur symbolischen Manipulation von mathematischen Formeln.

Demgegenüber steht der holistische Ansatz, bei dem Wissen verteilt im ganzen System gespeichert ist, siehe z. B. *Konnektionistisches System. Dieser Ansatz kommt bei heutigen *Expertensystemen noch nicht zum Einsatz. Es ist weiterhin ungeklärt, wie weit das menschliche, mentale

System mehr dem holistischen oder dem symbolischen Ansatz entspricht oder eine Mischform darstellt.

Wissen wird im folgenden untergliedert nach seiner Wesensart (*Wissensarten*), nach seinem Inhalt (*Wissensbereiche*) und nach seiner äußeren Darstellung (*Wissensrepräsentation*).

S [6 bis 8].

2. Wissensbereiche
⟨Wissensgebiete, Wissensfelder⟩

[K] Einteilung von Wissen nach inhaltlichen oder modellierungstechnischen Gesichtspunkten.

[L] Die Kategorisierung von *Wissen* kann inhaltlich nach fach- oder anwendungsspezifischen Bereichen erfolgen. Aufteilung, Detaillierungsgrad und Formalisierungsmittel sind i. a. vom jeweiligen Wissenbereich abhängig. Klassische Wissensbereiche stellen z. B. die Metallurgie, die Geologie, etc. dar. Zwischen den einzelnen Wissensbereichen gibt es Überdeckungen und Abhängigkeiten. So hängt beispielsweise der Elastizitätsmodul metallischer Werkstoffe von den physikalischen Gitter- und Molekülgrößen ab.

Beim Einsatz eines wissensbasierten System ⟨WSB⟩ versteht man unter Wissensbereichen die Abgrenzung des modellierten, speziellen Wissensbereichs ⟨domain knowledge⟩. Der modellierte Wissensbereich kann demnach mehrere klassische Wissensbereiche umfassen. Die Verwendung des Begriffs verdeutlicht einmal mehr das lösungsorientierte, behavioristische Vorgehen in der heutigen Technologie wissensbasierter Systeme.

[B] Macsyma, ein System zur Symbolmanipulation mathem. Formeln, besitzt Wissensbereiche über Calculus, Integrationsregeln sowie allgemeine Regeln zur Formelvereinfachung.

[S] [2].

3. Wissensarten ‹Wissenstypen›

K Einteilung von Wissen nach ihrer Wesensart/Struktur.
L Nicht-inhaltsbezogene Klassifizierung von *Wissen* nach ihrem Typ. Hierbei wird im folgenden unterschieden zwischen analytischem Wissen (*Analytik*) und heuristischem Wissen (*Heuristik*). Weitere Unterteilungen werden nicht vorgenommen.
S [9].

3.1 Analytik

K Methode, ein vollständig bestimmtes Problem durch Verfeinerung einer Lösung zuzuführen.
L Unter dem Begriff Analytik sollen im folgenden die klassischen Problembeschreibungs- und -lösungsansätze zusammengefaßt werden, die ein Problem mehrstufig auf axiomatische Aussagen (*Axiomensystem*) verfeinern und ausgehend von diesen synthetisch Lösungsalgorithmen entwickeln. Zur Abarbeitung der *Algorithmen* werden Formen *abstrakter Automaten* verwendet.

3.1.1 Abstrakter Automat

[K] Mathematische Methode zur Darstellung definierten Systemverhaltens.

[L] Ein abstrakter Automat ist ein mathematisches Objekt, welches das Verhalten eines Systems als Menge von Signalen

   U ... Eingangssignale,
   X ... Interne Signale,
   Z ... Ausgangssignale,

sowie von Funktionen

   f ... zur internen Überführung von Zuständen,
   g ... zur Generierung externer Signale,

modelliert. Dabei ist die Abbildung der Eingangssignale U auf die Ausgangssignale Z eindeutig und wiederholbar. Zur Beschreibung des abstrakten Automaten werden mathematische Gleichungen oder Zustandsdiagramme verwendet. Die Theorie der abstrakten Automaten hat an Bedeutung gewonnen durch die Möglichkeit, beliebige Automaten auf einem Computer zu realisieren. Dabei kann ein Computer selbst als Automat bzw. als algorithmische Sprache definiert werden.

3.1.2 Algorithmus

[K] Fest definierte Folge von Arbeitsschritten/Aktionen

[L] Ein Algorithmus liegt vor, wenn gegebene Eingabegrößen und -informationen auf Grund eines Systems von vorgegebenen Transformationsregeln eindeutig in Ausga-

begrößen oder -informationen umgesetzt werden können. Als Voraussetzungen hierfür gelten:
- Das System der zu bearbeitenden Größen ist vorgegeben.
- Das System der zulässigen Operatoren ist vorgegeben.
- Die Sprache zur Formulierung der Regeln ist vorgegeben.
- Das Umsetzen geschieht in Form fest definierter Arbeitsschritte.
- Die Beschreibung ist vollständig und endlich.

Als Formulierungsmittel dienen hierzu vor allem algorithmische oder prozedurale Sprachen (*Prozeduren).

Große Bedeutung erhielt die Algorithmentheorie in Kombination mit der *mathematischen Logik* und den damit verbundenen Ableitungs- und Beweisbarkeitssätzen. Wesentliche Fragestellungen sind z.B. die Frage der Entscheidbarkeit, d.h. kann mit einem Algorithmus festgestellt werden, ob ein Satz der Theorie wahr oder falsch ist, sowie die Frage der Axiomatisierbarkeit (*Axiomensystem*), d.h. es können mit einem Algorithmus die wahren Sätze einer Theorie konstruiert werden.

Ungelöst ist die Frage, welche Vorgänge sich algorithmisch beschreiben lassen und welche nicht. Insbesondere die Unmöglichkeit, alle Lösungsschritte für jeden Anwendungsfall explizit beschreiben zu können, war der Ansatzpunkt für nicht-algorithmische Vorgehensweisen im Bereich der *Expertensysteme*.

3.1.3 Axiomensystem

[K] Nicht weiter detaillierbares Grundsystem wahrer Aussagen.

[L] Ein Axiomensystem definiert ein Grundsystem, welches aus nicht weiter detaillierbaren und damit nicht weiter begründbaren Grundsätzen (*Axiomen*) aufgebaut ist. Alle Sachverhalte lassen sich durch Deduktion vollständig hieraus ableiten. Die *Axiome* eines Axiomensystems müssen in sich widerspruchsfrei, vollständig und unabhängig voneinander sein. Bekannte Axiomensysteme existieren z. B. in der Mathematik, in der Physik und in Ansätzen auch im Ingenieurbereich.

3.2 Heuristik

[K] Heuristik ist eine Methode, um bei unvollständiger Information neue Erkenntnisse zu gewinnen oder Probleme zu lösen.

[L] Im Gegensatz zur Analytik, bei der das Problem in immer kleinere Einheiten aufgelöst wird, für die ein formales Gedankenmodell existiert, wird bei der Heuristik von einem nicht weiter detaillierten Erfahrungsmodell ⟨*Empirie*⟩ ausgegangen. Sie macht Gebrauch von Daumenregeln, die oft ein Problem effektiver lösen helfen als formallogisches Vorgehen oder als Ersatz hierfür, wenn detailliertere Erkenntnisse nicht vorhanden sind.

Während der analytische Lösungsweg stetig und komplett ist, kann es beim heuristischen Vorgehen Sprünge geben, wodurch der Beweis der Richtigkeit des Ergebnisses durch den Lösungsweg nicht erbracht werden kann.

Letztendlich ist jedoch jede menschliche Erkenntnis heuristischer Natur, da sie auf Axiomen aufbaut, deren Gültigkeit nicht beweisbar ist. Die physikalische Wahrheit ist der Ausdruck menschlicher Wahrnehmung und somit induktiver Natur.

Innerhalb der künstlichen Intelligenz wird der Begriff Heuristik im Zusammenhang mit den Begriffen *Heuristische Suche* und *Heuristische Beschreibung* verwendet.

B Erfahrungsregeln im Schachspiel, z. B. geschlossene Bauern, Beherrschung des Mittelfelds, Figurenentwicklung, Balance, etc..

S [10].

3.2.1 Heuristisches Suchen / Verfahren

K Abgrenzung eines Suchraums mit heuristischen Annahmen.

L Als Heuristische Suche wird ein Suchverfahren bezeichnet, das den Suchraum nicht vollständig abtastet. Heuristische Verfahren werden generell dann eingesetzt, wenn entweder keine exakten Algorithmen (*Algorithmus*) vorhanden sind oder wenn bekannte, exakte Algorithmen zu aufwendig sind.

Der Suchraum wird mit heuristischen Annahmen strategisch abgegrenzt, so daß im Schnitt die Anzahl der Suchschritte wesentlich reduziert werden kann. Ziel ist es, eine gute, jedoch eventuell nicht die optimale Lösung zu finden wie bei der vollständigen Suche. U.U. wird hierbei, obwohl eine Lösung existiert, keine gefunden, so daß es notwendig wird, den gesamten Suchraum erneut nach anderen strategischen Prinzipien einzugrenzen.

B Suchen des freien Parkplatzes im Parkhaus auf dem letzten Parkdeck. Die heuristischen Annahme besteht darin, daß die meisten Leute ihren Fußweg im Parkhaus minimieren. Aus diesem Grund besteht eine hohe Wahrscheinlichkeit auf dem letzten und damit entferntesten Parkdeck noch eine Lücke zu finden.

S [11].

3.2.2 Heuristische Beschreibung

K Beschreibung von Zusammenhängen anhand ihrer Wirkungen.

L Heuristische Beschreibungen sind Beschreibungen der Wirklichkeit, die es dem Menschen ermöglichen, mit Situationen umzugehen, die vom mathematischen Standpunkt aus für eine geschlossene Lösung zu kompliziert sind oder für die noch keine geschlossene Lösung bekannt ist. In Analogie hierzu werden heuristische Beschreibungen bei *wissensbasierten Systemen* ⟨WBS⟩ eingesetzt, um komplexe bzw. nicht bekannte analytische Modelle zu substituieren oder zu ergänzen.

Im Rahmen des *Wissenserwerbs* werden heuristische Beschreibungen im formalen, syntaktischen Rahmen der gewählten *Wissensrepräsentation* dargestellt.

B Die Sätze „Dunkle Wolken deuten auf
   kommenden Regen" und
   „Mit Salz kann man Eis zum
   Schmelzen bringen"
sind heuristische Beschreibungen, die komplexe physikalische Zusammenhänge ersetzen.

S [12].

4. Wissenserwerb
‹Wissensakquisition und -pflege›

⟦K⟧ Übertragung von menschlichem *Wissen in eine *Wissensbasis.

⟦L⟧ Tätigkeit des *Wissensingenieurs, bei dem *Wissen, das bei der Befragung eines *Experten mittels spezieller Interviewtechniken erworben wird, in die *Wissensbasis des *wissensbasierten Systems ⟨WBS⟩ übertragen wird.

Der Wissenserwerb umfaßt die Erfassung, Formulierung und Gliederung des *Wissens, dessen Transformation in die vom WBS verwendete Form der *Wissensrepräsentation, die *Wissenseingabe sowie die Überprüfung des *Wissens auf Widerspruchsfreiheit und Vollständigkeit.

Da es beim Aufbau der *Wissensbasis unmöglich ist, alle relevanten Fakten und Beziehungen von vornherein bereitzustellen bzw. die Notwendigkeit zur Anpassung an geänderte Anforderungen besteht, muß die Möglichkeit zur Fortschreibung und Wartung der *Wissensbasis gegeben sein (Wissenspflege).

⟦S⟧ [12].

4.1 Lernen

Inkrementelles Lernen
Induktives Lernen
Wiederholendes Lernen

boxed(K) Forschungsgebiet zur Entwicklung von Programmen, die durch Erfahrung lernen können.

boxed(L) Im Zusammenhang mit Methoden der KI versteht man unter maschinellem Lernen die Modifizierung der gespeicherten Wissensstrukturen in der *Wissensbasis* durch ein Programm. Dabei kann man verschiedene Formen des Lernens unterscheiden. Beim *Inkrementellen Lernen* werden Informationen, die für einen Bereich gelernt wurden, so modifiziert, daß sie als neue Fakten in einem erweiterten Bereich zur Verfügung stehen. Beim *Induktiven Lernen* werden durch Deduktion aus spezifischen Fakten und Regeln in allgemeiner Form gültige neue Fakten und Regeln abgeleitet. Unter *Wiederholendem Lernen* ⟨rote learning⟩ versteht man das direkte Abspeichern ohne Ableitung allgemein gültiger Fakten und Regeln.

Unter *Wissenserwerb* wird speziell in diesem Zusammenhang die automatische Erweiterung der *Wissensbasis* eines *wissensbasierten Systems* ⟨WBS⟩ per Programm, d.h. weitgehend ohne Einfluß durch den *Wissensingenieur*, verstanden. Konkrete Forschungsergebnisse sind jedoch erst in einigen Jahren zu erwarten.

boxed(S) [13; 14].

4.2 (Fachbereichs-)Experte

[K] Ausgewählter Fachmann.

[L] Fachmann, dessen *Wissen* über einen abgeschlossenen Fachbereich ⟨domain⟩ durch *Wissenserwerb* in die *Wissensbasis* übertragen wird.

[S] [15].

4.3 Wissensingenieur

K Mittler zwischen *Experte und *Wissensbasis.

L Aufgabe des Wissensingenieurs ist, das *Wissen eines *Experten in einer dem verwendeten *wissensbasierten System ⟨WBS⟩ adäquaten Form der *Wissensrepräsentation darzustellen.

Dazu muß er sich in die Begriffswelt des *Experten einarbeiten, eine Systemanalyse durchführen, das *Wissen strukturieren, eine geeignete Form der *Wissensrepräsentation zur Implementation der *Wissensbasis auswählen und eine geeignete *Expertensystemschale oder *KI-Entwicklungsumgebung zum Bau eines WBS festlegen.

B Beschreibung einer Person als Frame-Objekt
(*Wissensverarbeitung im objektorientieren System).

```
FRAME person
    SLOT name
        REQUIRE    string
    SLOT geb datum
        REQUIRE    datum (geb_datum)
    SLOT alter
        REQUIRE    int (alter), alter > 0
        IF_NEEDED  berechne_alter
                   (geb_datum)
    SLOT geschlecht
        REQUIRE    one-of männlich,
                          weiblich
    SLOT augenfarbe
        DEFAULT    blau
        REQUIRE    one-of blau, braun,
                          grün
        IF-NEEDED  frage (augenfarbe)
END FRAME person
```

S [15].

5. Wissensrepräsentation

[K] Darstellung von vorliegendem *Wissen auf einem Rechner.

[L] Wissensrepräsentation bezeichnet die Darstellung von *Wissen (*Wissenserwerb) in einer dem *wissensbasierten System ⟨WBS⟩ adäquaten Form. Im engeren Sinne versteht man hierunter die symbolische Rekonstruktion von *Wissen in einer formalisierten, symbolischen Sprache. Die Symbolstrukturen dieser formalisierten Sprache erlauben mit den Komponenten der *Wissensverarbeitung die Manipulation auf der Basis rein syntaktischer Operationen. Die ihnen von den Menschen unterlegten Bedeutungen auf der semantischen Ebene dienen nur zum Verstehen und Interpretieren der Ergebnisse.

Verwendet werden können hierzu verschiedene Ansätze, z. B. auch die Verwendung einer konventionellen Programmiersprache (*Prozedur). Im Zusammenhang mit WBS kommen jedoch meist Programmiersprachen zum Einsatz, in denen Konzepte wie *Objekte, *Logik, *Netze u. a. realisiert sind und damit für das jeweilige Fachgebiet ⟨domain⟩ eine explizitere Darstellung des zu implementierenden *Wissens im Rechner ermöglichen.

[B] siehe 4.3..

[S] [9].

5.1 Constraints

Constraint Erfüllung ⟨constraint satisfaction⟩
Constraint Propagierung ⟨constraint propagation⟩

K Explizite Repräsentation von Abhängigkeiten zwischen *Objekten.

L Constraints sind explizit dargestellte Abhängigkeiten, die zwischen *Objekten* bzw. Eigenschaften von Objekten bestehen. Durch Constraints wird der Wertebereich der beteiligten *Objekte* bzw. Eigenschaften eingeschränkt.

Ein Constraint-Modell besteht aus mehreren Constraints, bei denen ein *Objekt* in verschiedenen Constraints enthalten ist. Dadurch beeinflussen sich die Constraints gegenseitig. Die *Erfüllung von Constraints* ⟨constraint satisfaction⟩ ist die Bestimmung einer Menge von Wertetupeln, die alle Einschränkungen eines Constraintmodells erfüllen. Die *Propagierung von Constraints* ⟨constraint propagation⟩ ist ein Prozeß, bei dem ein *Objekt* inkrementell durch Constraints immer weiter eingeschränkt wird. Constraints werden – abhängig von der Darstellung der Wertebereiche der *Objekte* – als extensional, prädikativ oder konstruktiv bezeichnet.

Bei den extensionalen Constraints werden alle Tupel, die den Constraint erfüllen, explizit aufgeführt. Das prädikative Constraint enthält *Prädikate*, die die Gültigkeit eines Wertetupels enthalten. Das konstruktive Constraint ermöglicht die Berechnung der Wertemenge für ein *Objekt* in Abhängigkeit von den Wertemengen anderer *Objekte*.

B Extensionales Constraint: Ampelfarbe = (rot, gelb, grün)

Prädikatives Constraint: Temperatur größer 100 °C dann Aggregatszustand gasförmig
Konstruktives Constraint: Ohmsches Gesetz U = R∗I
[S] [16].

5.2 Konnektionismus

[K] Implizite Repräsentation durch gewichtete Verknüpfung vieler einfacher Verarbeitungsfunktionen.

[L] Die Grundidee des Konnektionismus ist die hochgradig parallele Verarbeitung mittels vieler verknüpfter, einfacher Verarbeitungsfunktionen. Das *Konnektionistische System* besteht aus einer großen Anzahl (meist größer 1000) von Verarbeitungsfunktionen, die über gerichtete, gewichtete Verbindungselemente miteinander kommunizieren.

Die Form der Modellierung stützt sich auf Forschungsergebnisse der Neurophysiologie, nach der die Informationsverarbeitung im menschlichen Gehirn auf der Übertragung von Erregungszuständen basiert. Die verbindenden Axone ⟨Nervenfasern⟩ und die Synapsen wirken bei der Übertragung zum nachgeschalteten Neuron entweder erregungssteigernd oder -hemmend.

Das *Wissen* ist in einem *Konnektionistischen System* verteilt im Netz gespeichert und wird durch die implizite Struktur und Wichtung von Verarbeitungsfunktionen und Verbindungselementen festgelegt. Dabei kommt dem *Lernen*, d. h. dem Wichten der Verbindungen im *Konnektionistischen System* entscheidende Bedeutung zu (*Wissensverarbeitung im Konnektionistischen System*).

Dieser Vorgang läßt sich neurophysiologisch mit dem Wachstum von Synapsen vergleichen.

Konnektionistische Systeme verwenden Prinzipien der Neurophysiologie, ohne den Anspruch auf adäquate oder vollständige Abbildung. Die Modelle können somit nicht exakt menschlichen neuronalen Einheiten entsprechen. Es ist des weiteren nicht geklärt, ob und wie der Aufbau *Konnektionistischer Systeme* mit den Paradigma der Sybolverarbeitung, d.h. der begrenzten, lokalen *Wissensrepräsentation,* zu vereinbaren ist. Eine schlüssige Abgrenzung zu dem Begriff *Neuronale Netze* erscheint ebenfalls momentan nicht möglich.

[B] Anwendung als Assoziativspeicher- [17], Bildverarbeitungs- [18] oder Sprachverarbeitungssystem [19].

[S] [17 bis 19].

5.3 Logik

Ableitung
Aussage
Beweisverfahren
Operator

[K] Formale, symbolisierte Sprache mit syntaktischen Ableitungsregeln für Aussagen.

[L] Die mathematische Logik definiert eine formale Sprache, in der elementare *Aussagen* formuliert und mittels logischer *Operatoren* zu komplexeren *Aussagen* kombiniert werden können. Sie beschreibt außerdem Regeln zur *Ableitung* von neuen *Aussagen* aus einer Menge von vorgegebenen *Aussagen.* Ein Verfahren, das feststellt, ob eine bestimmte *Aussage* aus einer vorgegebenen Aussagenmenge mit den vorhandenen Ableitungsregeln hergeleitetet werden kann, wird als *Beweisverfahren* bezeichnet.

Neben oben beschriebenen syntaktischen Kategorien wird die Semantik der Sprache definiert, indem den *Aussagen* Wahrheitswerte zugeordnet werden. In klassischen Logiken (∗*Aussagenlogik*, ∗*Prädikatenlogik*) gibt es nur die beiden Wahrheitswerte „wahr" und „falsch" (zweiwertige Logik). Es gibt jedoch auch nicht-klassische Logiken, die mehr als zwei bzw. sogar unendlich viele Wahrheitswerte zulassen. Beispiele: Eine dreiwertige ∗*Modallogik* mit den Wahrheitswerten „wahr", „falsch" und „möglich" oder die ∗*Fuzzy-Logik*, in der jede reelle Zahl aus dem Intervall zwischen 0 und 1 als Wahrheitswert interpretiert werden kann.

Verschiedene Logiken können sich nicht nur in der Wahl der möglichen Wahrheitswerte, sondern auch in der Art der elementaren *Aussagen*, den logischen *Operatoren* und den *Ableitungs*regeln unterscheiden. Die ∗*Prädikatenlogik* besitzt z. B. eine weitaus reichere Sprache zur Formulierung von Aussagen als die ∗*Aussagenlogik*.

boxed(S) [20].

5.3.1 Klassische Logik

5.3.1.1 Aussagenlogik

[K] Anwendung der zweiwertigen Logik auf elementare *Aussagen*.

[L] Die Aussagenlogik ist eine zweiwertige Logik. Elementare *Aussagen* ⟨Literale⟩ besitzen keine innere Struktur, sondern werden stets als elementare Einheiten aufgefaßt, denen direkt die Wahrheitswerte „wahr" oder „falsch" zugeordnet sind. Mittels logischer *Operatoren* (und, oder, nicht, impliziert, äquivalent) können komplexere *Aussagen* zusammengesetzt werden. Für die Aussagenlogik existiert ein vollständiges *Beweisverfahren*, d. h. für jede beliebige *Aussage* ist in endlich vielen Schritten entscheidbar, ob sie „wahr" oder „falsch" ist oder nicht.

[B] „Wahre" *Aussagen* (Sätze):
1. Satz vom ausgeschlossenen Dritten:

$$A \vee \neg A.$$

2. Modus Ponens:

$$(A \rightarrow B) \wedge A) \rightarrow B.$$

[S] siehe Schrifttum 5.3..

5.3.1.2 Prädikatenlogik

Klausel, Hornklausel
Prädikat
Quantor

[K] Anwendung der zweiwertigen Logik auf *Prädikate*.

[L] Die Prädikatenlogik ist eine zweiwertige Logik. Elementare *Aussagen* sind neben den Konstanten „wahr" und „falsch" Ausdrücke, die aus dem Namen eines *Prädi-*

kats und dazugehörigen Argumenten bestehen. Ein *Prädikat* steht dabei für eine Eigenschaft des Arguments (einstelliges *Prädikat*) bzw. eine Beziehung zwischen den Argumenten (mehrstelliges *Prädikat*). Die Argumente denotieren Elemente einer vorgegebenen Welt von Objekten bzw. Individuen. Im Gegensatz zur *Aussagenlogik sind elementare *Aussagen* der Prädikatenlogik also nicht atomar, sondern besitzen eine innere Struktur.

Die logischen *Operatoren* sind die gleichen wie in der *Aussagenlogik*. Eine wesentliche Erweiterung besteht jedoch in der Einführung der beiden *Quantoren* „Für alle x" und „Es gibt ein x". Die Variable x bezieht sich dabei auf die Menge der Individuen. Jedes Auftreten von x im Bindungsbereich eines *Quantors* denotiert dasselbe Individuum. Als Beispiel könnte man die *Aussage* „Der verheiratete Karl hat ein Verhältnis" etwa so modellieren:

es gibt ein x für das gilt:

> verheiratet (KARL, LUISE) und
> nicht-dieselbe (LUISE, x)   und
> liebt (KARL, x)
> ist-frau (x).

In dieser *Aussage* sind KARL und LUISE Konstanten, während x eine Variable ist.

Die Prädikatenlogik ist halb entscheidbar, d. h. wenn eine *Aussage* aus einer vorgegebenen Menge von *Aussagen* logisch folgt, so kann dies nach endlich vielen Schritten festgestellt werden. Andernfalls jedoch kann die Tatsache, daß die *Aussage* nicht ableitbar ist, unter Umständen nicht in endlicher Zeit festgestellt werden.

Die Prädikatenlogik hat in letzter Zeit nicht zuletzt durch ihre Umsetzung in die Programmiersprache *Prolog* zunehmend praktische Bedeutung erlangt. Ein Prolog-System kann als die Realisierung eines Beweisverfahrens für eine spezielle Teilmenge der Prädikatenlogik angesehen werden. Die in *Prolog* zugelassenen prädikatenlogischen Ausdrücke müssen die Struktur von sogenannten *Hornklauseln* besitzen. Die Beschränkung auf *Hornklauseln* schränkt die Ausdrucksfähigkeit zwar ein, erweist sich aber beweistechnisch als sehr vorteilhaft und für viele praktische Probleme als ausreichend. Eine *Klausel* ist ein prädikatenlogischer Ausdruck aus negierten und nicht negierten elementaren *Aussagen* ⟨Literalen⟩, die durch den logischen Operator „oder" verknüpft sind. Damit diese eine *Hornklausel* ist, darf höchstens eines der Literale nicht negiert sein.

B Die *Klausel*

¬ oder-verknüpft (*Klausel*) ∨
¬ höchstens-ein-literal-nicht-negiert (*Klausel*) ∨
hornklausel (*Klausel*)

ist eine *Hornklausel*. Diese *Aussage* ist logisch äquivalent zu der *Aussage*:

oder-verknüpft (*Klausel*) ∧
höchstens-ein-literal-nicht-negiert (*Klausel*)
→ hornklausel (*Klausel*).

Ein Prolog-Programm ist eine syntaktisch etwas anders dargestellte Menge von *Hornklauseln*. Unsere Beispiel-*Hornklausel* würde in *Prolog* so notiert:

hornklausel (*Klausel*):--
  oder-verknüpft (*Klausel*),
  höchstens-ein-literal-nicht-negiert (*Klausel*).

S siehe Schrifttum zu 5.3 sowie [21].

5.3.2 Nicht-Klassische Logik

5.3.2.1 Fuzzy-Logik

⎣K⎦ Mehrwertige Logik.

⎣L⎦ Während die traditionelle Logik einem Ausdruck genau einen von zwei Wahrheitswerten zuordnet, werden in der Fuzzy-Logik (unscharfe Logik) mehrere Werte verwendet (etwa alle Zahlen zwischen 0 und 1), um Ausdrücke und Formeln semantisch interpretieren zu können, die weder eindeutig wahr noch eindeutig falsch sind. Mit Hilfe einer *Zugehörigkeitsfunktion* ⟨membership function⟩ wird hierbei der Zusammenhang zwischen einem sprachlichen Ausdruck und einer bestimmten Wertemenge dargestellt.

⎣B⎦ Zugehörigkeitsfunktion „Lebensalter einer Person"

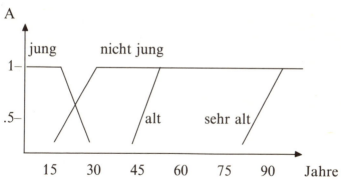

Betrachtung der Zugehörigkeit der absoluten Größe des Lebensalters zu einer verbalen, unscharfen Beschreibung über das Ereignis A.

⎣S⎦ [22].

5.3.2.2 Modallogik

[K] Erweiterung der klassischen Logik um die Begriffe der Möglichkeit und Notwendigkeit.

[L] Die Modallogik stellt eine Erweiterung der klassischen Logik um die Begriffe der Möglichkeit und Notwendigkeit dar. Diese Erweiterung ist jedoch tiefgreifender als die Erweiterung der *Aussagenlogik zur *Prädikatenlogik*, da die Modallogik nicht mehr wahrheitsfunktional ist.

Der Modallogik wird zumeist der Begriff der Möglichkeit zugrunde gelegt. Er wird einer Aussage vorangestellt und gibt ihr damit die entsprechende *Modalität*. Für die Möglichkeit wird ein Operator eingeführt, z. B. der Operator „MÖGLICH". Der Notwendigkeitsoperator „NOTWENDIG" wird dann wie folgt mit der Negation NICHT definiert:

NOTWENDIG P = NICHT MÖGLICH NICHT P

Für die dualen Begriffe Möglichkeit und Notwendigkeit existieren unterschiedliche Interpretationen:

– die ontischen *Modalitäten*
  (es ist möglich; daß P gilt bzw.
  es ist notwendig; daß P gilt).

– die epistemischen *Modalitäten*
  (ich glaube, daß P gilt bzw.
  ich weiß, daß P gilt).

– die deontischen *Modalitäten*
  (es ist erlaubt, daß P gilt bzw.
  es ist vorgeschrieben, daß P gilt).

- die temporalen *Modalitäten*
  (es gilt immer, daß P gilt bzw.
  es gilt manchmal, daß P gilt).
- die evaluativen *Modalitäten*
  (es ist schlecht, daß P gilt bzw.
  es ist gut, daß P gilt).

In der Literatur über Modallogik wird zwischen vielen Systemen unterschieden, die sich hinsichtlich ihrer Axiomatik und ihrer Semantik unterscheiden. Die bekanntesten Systeme sind S4 und S5 von Lewis.

Die Semantik der Systeme kann mit einer Sichtweise, die auf dem Begriff der Welt basiert, verdeutlicht werden. Dabei wird davon ausgegangen, daß verschiedene Welten existieren in denen unterschiedliche *Aussagen* gelten können. Die Welten sind durch eine Zugänglichkeitsrelation verbunden. Ist eine Welt W_0 mit einer Welt W_1 verbunden, dann kann in der Welt W_0 entschieden werden, ob eine *Aussage* P in der Welt W_1 gilt. Eine *Aussage* P ist in der Welt W_0 genau dann möglich, wenn eine Welt W_1 existiert, die zugänglich von W_0 ist und dort die *Aussage* P gilt. Eine *Aussage* P ist dann notwendig in W_0, wenn in allen Welten, die von W_0 zugänglich sind, die *Aussage* P gilt.

Die verschiedenen Systeme der Modallogik unterscheiden sich nun hinsichtlich der Eigenschaften der Zugänglichkeitsrelation. So spielt es eine Rolle, ob die Relation transitiv, reflexiv oder symmetrisch ist.

boxed{S} [23; 24].

5.3.2.3 Nicht-monotone Logik

[K] Zweiwertige Logik mit nichtmonoton wachsender gültiger Aussagenmenge.

[L] Die Ableitungsverfahren der klassischen *Aussagen- oder *Prädikatenlogik haben die Eigenschaft, daß einmal abgeleitete *Aussagen* immer gültig bleiben. Daher kann die Menge der als gültig betrachteten *Aussagen* in einem solchen klassischen System als monoton wachsend angesehen werden.

Beim Aufbau von *wissensbasierten Systemen* ⟨WBS⟩ müssen jedoch *Aussagen* oft auf der Grundlage unsicherer, unvollständiger oder beschränkt gültiger Informationen getroffen werden. Dieses *Wissen liegt u. U. in Form von *Heuristiken vor. Damit sind exakte Schlußfolgerungen nur unter Vorbehalt möglich. Nichtmonotone Ableitungsregeln stellen deshalb im allgemeinen die Form *Begründeter Annahmen* ⟨reasoned assumptions⟩ zur Verfügung:

Wenn P1, P2, ... und Pn gelten
und unter der Annahme R
kann Q gefolgert werden.

Stellt sich die Annahme R als falsch heraus, kann es passieren, daß die Menge der gültigen *Aussagen* verringert werden muß, also die Menge nicht monoton wächst. Zu jeder wahren *Aussage* muß in einem nicht monotonen System eine als wahr angesehene Begründung gehalten werden. Die Aufrechterhaltung der konsistenten Begründungen und die Anpassung bei auftretenden Änderungen bereiten noch Effizienzprobleme.

[B] Den Normalfall angenommen sind die Pumpen angeschaltet. Pumpen sind Arbeitsaggregate. Arbeitsaggregate brauchen Strom, wenn sie angeschaltet sind. Die Speisepumpe ist ein Arbeitsaggregat.

Liefert im Normalfall: Die Speisepumpe braucht Strom.

Jedoch gilt dies nicht mehr, wenn es eine Notabschaltung für die Speisepumpe gab. Die Zahl der gültigen Aussagen muß dann verringert werden, da dann die Speisepumpe keinen Strom mehr braucht. Die ursprüngliche Aussage hat jedoch für den Allgemeinfall nach wie vor Gültigkeit.
[S] [25].

5.3.2.4 Zeitlogik ‹Temporal Logic›

[K] Zweiwertige Logik mit zeitgebundener Gültigkeit.

[L] Die Zeitlogik ist eine Erweiterung der *Prädikatenlogik* um zeitabhängige *Prädikate und Operatoren*. Die mögliche Repräsentation der Zeit kann sich in verschiedenen Formen unterscheiden:

a) Prinzip
    a.1) Zeitpunkt: 16:39 Uhr
    a.2) Intervall: 20 min
b) Genauigkeit
    b.1) Exakte Angaben: 16:39 Uhr, 20 min
    b.2) Unscharfe Angaben: vor 16:39 Uhr, nach 20 min
c) Bezugspunkt
    c.1) Absolute Zeitskala: 20 min nach 16:00 Uhr
    c.2) Referenzereignisse: 20 min nach dem Unfall

Das wichtigste Merkmal ist hierbei der zulässige Grad an Ungenauigkeit bei der Angabe zeitlicher Beziehungen. Im folgenden werden beispielhaft logische *Operatoren* für eine Intervalldarstellung eingeführt [2]:

Relation	Symbol	Graphische Beispieldarstellung
X vor Y	< <	⊢X⊣ ⊢Y⊣
X bis Y	< =	⊢X⊣⊢Y⊣
X überlappt Y	< >	⊢X⊣ ⊢Y⊣
X während Y	> <	⊢X⊣ ⊢—Y—⊣
X startet mit Y	= <	⊢X⊣ ⊢—Y—⊣
X endet mit Y	> =	⊢X⊣ ⊢—Y—⊣
X gleich Y	= =	⊢—X—⊣ ⊢—Y—⊣

Diese *Operatoren* lassen sich auf die in der *Prädikatenlogik* eingeführten *Quantoren* und *Operatoren* unter Zuhilfenahme von geordneten Zeitvariablen abbilden.

Mittels der Zeitlogik lassen sich i. a. die Gültigkeit zweier verschiedener *Aussagen* ableiten. Zum einen mit den Ableitungsregeln der *Prädikatenlogik* statische *Aussagen* bzgl. der vorgegebenen Spezifikationen. Zum anderen die dynamische Analyse der zeitlich möglichen, gültigen Zustandsfolgen, die sich aus dem vorgegebenen Anfangszustand ableiten lassen.

Da die Vorgehensweise prinzipiell nicht auf die Abbildung der Zeit beschränkt ist, können auch andere dynamische Vorgänge, die Zustandsvariablen in ihrem Verlauf verändern, modelliert werden.

B̄ nach [7]:
a) Innerhalb des Lebens befinden sich Vorschul-, Ausbildungs- und Berufsphase, die nacheinander folgen.
b) Die Ausbildung beginnt mit der Grundschule, danach Gymnasium und endet mit der Universität.

a) Vorschule > < Leben. Vorschule < = Ausbildung.
Ausbildung > < Leben. Ausbildung < = Beruf.
Beruf > < Leben.

b) Grundschule = < Ausbildung.
Grundschule < = Gymnasium.
Gymnasium > < Ausbildung.
Gymnasium < < Universität.
Universität > = Ausbildung.

S̄ [7; 26; 27].

5.4 Netze

5.4.1 Semantische Netze

[K] Netzförmige Darstellung der Beziehungen zwischen *Objekten*.

[L] Semantische Netze sind netzförmige Darstellungen der Beziehungen zwischen *Objekten*, bei denen das *Wissen* repräsentiert wird durch eine *Menge* von *Knoten*, die ihrerseits durch gerichtete und beschriftete *Kanten* miteinander verbunden sind.

Die *Knoten* repräsentieren die einzelnen *Objekte* und *Instanzen*, *Methoden*, *Attribute* und Attributwerte des darzustellenden *Wissens*. Die *Kanten* stellen eine eindeutige (unidirektionale) Verbindung zwischen genau zwei *Knoten*, welche die eindeutige Beziehung ⟨property⟩ dieser beiden *Knoten* zueinander beschreibt. Da die *Kante* die Bedeutung der Beziehung darstellt, ist der Begriff semantische Netze eingeführt worden. Bidirektionale Beziehungen werden durch zwei entgegengesetzte *Kanten* dargestellt. Häufig benutzte Grundbeziehungen sind die *Kanten* „ist" ⟨is-a⟩, „Teil" ⟨part-of⟩, „Instanz" ⟨instance-of⟩ und „hat" ⟨has-a⟩.

Von großem Vorteil ist die Flexibilität, die sich durch das leichte Hinzufügen von *Knoten* und *Kanten* ergibt. Des weiteren kann ein Mechanismus zur Vererbung von Eigenschaften integriert sein, z. B. durch die Spezialisierung mit der *Kante* „ist" ⟨is-a⟩. Semantische Netze lassen sich graphisch anschaulich darstellen, jedoch ist hier ein Mechanismus zur Partitionierung oder Modularisierung erforderlich, um eine Übersichtlichkeit auch bei umfangreichen semantischen Netze zu erlauben.

Semantische Netze sind ursprünglich dazu verwendet worden, um die Bedeutung englischer Sätze darzustellen.

B

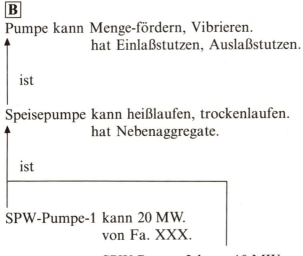

Pumpe kann Menge-fördern, Vibrieren.
             hat Einlaßstutzen, Auslaßstutzen.

ist

Speisepumpe kann heißlaufen, trockenlaufen.
             hat Nebenaggregate.

ist

SPW-Pumpe-1 kann 20 MW.
             von Fa. XXX.

         SPW-Pumpe-2 kann 10 MW.
                     von Fa. YYY.

Die spezielle Pumpe SPW-Pumpe-1 hat die spezielle Eigenschaft „kann 20 MW". Daneben erbt sie durch die „ist" Verbindung allgemeinere Eigenschaften, wie z.B. „kann heiß-/trockenlaufen, Vibrieren und Menge-fördern".

S [28; 33].

5.4.2 Neuronale Netze

*Konnektionismus

5.5 Objekte

Instantiierung, Instanz
Klasse
Methode
Nachricht, Botschaft
Variable
Vererbung

[K] Funktionaler Zugriff auf gekapselte Datenstrukturen mittels Nachrichten.

[L] Objekte beinhalten die Angabe einer Datenstruktur zusammen mit den dazugehörigen Operationen. Diese Operationen ⟨Funktionen, *Prozeduren⟩ werden *Methoden* genannt. Die interne Datenstruktur wird vor der Umgebung verborgen; der Zugriff auf ein Objekt kann nur über die *Methoden* erfolgen (vgl. Abstrakte Datentypen).

Methoden eines Objekts werden durch *Nachrichten* ⟨*Botschaften*⟩ aufgerufen. Eine *Nachricht* beinhaltet die Angabe des Empfängerobjekts, des Nachrichtenselektors (Name der gewünschten auszuführenden *Methode*) und evtl. von Argumenten (der gewünschten *Methode*). Eine *Nachricht* kann, ähnlich wie ein Funktionsaufruf, einen Ergebniswert zurückliefern. Im Gegensatz zu einem Funktionsaufruf ist aber die aufzurufende *Methode* erst durch den Nachrichtenselektor und das aktuelle Empfängerobjekt eindeutig bestimmt. *Nachrichten* realisieren damit generische Funktionen.

Die Beschreibung gleichartiger Objekte wird *Klasse* genannt. Sie besteht im einfachsten Fall aus der Beschreibung der *Variablen* (Datenstruktur) und der *Methoden*, über die jedes Objekt der *Klasse* verfügt. Die Objekte, die durch eine gemeinsame Klasse beschrieben werden heißen *Instanzen* oder Exemplare dieser *Klasse*. *Instanzen* werden durch *Instantiierung* einer *Klasse* erzeugt. *Klassen* können selbst Objekte sein. Eine *Instantiierung* kann dann durch eine *Nachricht* an ein Klassenobjekt geschehen.

Vererbung bedeutet, daß man sich bei der Definition einer *Klasse* auf andere *Klassen* beziehen kann; dort definierte *Variablen* und *Methoden* werden ererbt, d. h. übernommen. Damit müssen also bei ähnlichen *Klassen* von Objekten gleiche Eigenschaften nicht mehrfach beschrieben werden. *Vererbung* ermöglicht so das Formulieren verwandtschaftlich abhängiger (taxonomischer) Strukturen von Objekten.

|B| Klasse Verkehrsmittel
 Variable Fahrgastzahl, MaxFahrgastzahl, Preis, Linie.
 Methode Fahren, Halten, Zusteigen, Signalgeben.
 ...
 Klasse   Bus aus Verkehrsmittel.
 Variable Nummernschild.
 Methode Tanken, Hupen, ...
 ...
 Klasse   Straßenbahn aus Verkehrsmittel.
 Variable Waggonzahl.

Methode Ankuppeln, Klingeln, ...

Instanz Wagen-02 (0, 50, 2.50DM, 1, S-TG2505) aus Bus.
Instanz Wagen-04 (0, 50, 2.50DM, 1, S-GF3506) aus Bus.
Instanz Wagen-01 (0, 50, 2.50DM, 3, S-KS9876) aus Bus.
⋮
Sende Halten   an Wagen-02.
Sende Zusteigen(3) an Wagen-02.
...
S [29].

5.6 Prozeduren, Funktionen

Aufruf
Parameter

[K] Fixierte Beschreibung von Aktionsabläufen.

[L] Eine Prozedur ist eine fixierte Beschreibung von sequentiell ausführbaren, parametrisierten Aktionen. Die Ausführung wird durch einen *Aufruf* initiiert und kann durch Anfangs-*Parameter* variiert werden. Das Ergebnis einer Prozedur wird durch End-*Parameter* beschrieben. Prozeduren, die nur einen Ergebniswert liefern, werden als Funktionen bezeichnet. Ergeben sich bei der Ausführung einer Prozedur neben der Parameterübergabe weitere Auswirkungen auf die Umgebung, so spricht man von Seiteneffekten.

Die Prozedur stellt eine implizite Repräsentation von *Wissen dar ⟨prozedurales Wissen⟩ im Gegensatz zur expliziten Repräsentation ⟨deklaratives Wissen⟩. Die Prozedur ist somit eine fixierte Form von *Wissen, nach erfolgter Aufbereitung, Verknüpfung und Transformation.

Die Entwicklung von Prozeduren stellt das wesentliche Element bei der konventionellen Programmierung dar. Beim Aufbau von *wissensbasierten Systemen* ⟨WBS⟩ werden sie unterlagert verwendet, z. B. *Methode* bei *Objektorientierten Systemen* oder *Wissensverarbeitungs-komponente.

[S] [30].

5.7 Aktoren, Prozesse

[K] Beschreibung mittels parallel arbeitender *Objekte.

[L] Aktoren sind *Objekte, die über Nachrichten ⟨Botschaften⟩ kommunizieren. Im Gegensatz zu üblichen *objektorientierten Systemen arbeiten Aktoren parallel.

Aktoren können sich in zwei Zuständen befinden. Im passiven Zustand können sie Nachrichten empfangen und begeben sich dann zur Bearbeitung dieser Nachricht in einen aktiven Zustand. Im aktiven Zustand können sie eine Nachricht senden. Nur bei Empfang einer externen Nachricht wechselt ein Aktor in den aktiven Zustand und führt eine in der Nachricht spezifizierte atomare Operation aus. Die Reaktion eines Aktors ist demnach bestimmt durch die Menge der Operationen, die in Abhängigkeit von seinem inneren Zustand ausgeführt werden. Unter Reaktion wird das Aussenden einer Nachricht, das Verändern des inneren Zustands oder das Kreieren neuer Aktoren verstanden.

Ein Aktor kann Nachrichten nur an ihm bekannte Aktoren versenden. Jeder Aktor besitzt eine veränderbare Anzahl dieser Bekanntschaften ⟨Acquaintances⟩. Die durch die Bekanntschaften repräsentierten Beziehungen haben die Form einer asymmetrischen Relation auf der Menge der Aktoren. Durch das Entstehen und Beenden von Bekanntschaften und Aktoren, wird ein dynamisches, paralleles Aktorsystem beschrieben; vgl. *Wissensverarbeitung im Aktorsystem.

Durch die Ideen des objektorientierten Entwurfs und der Darstellung von Parallelität gewinnt das Aktor-Modell für zukünftige Anwendungen im Bereich von verteilten Systemen und der Programmierung von Parallelrechnern immer größere Bedeutung.

B Das Apiary Rechnernetz am MIT unterstützt dynamisches resource management mit Lastverteilung und garbage-collection in Echtzeit.

S [31].

5.8 Regelmenge

Aktionsteil ⟨Konklusion⟩
Bedingungsteil ⟨Prämisse⟩

K Beschreibung mittels Wenn-Dann-Relationen.

L Eine Regelmenge beschreibt einen Zusammenhang in Form mehrerer, zumeist gleichberechtigter Relationen zwischen Vorbedingung ⟨*Prämisse*⟩ und Konsequenz ⟨*Konklusion*⟩. Jede Regel hat die allgemeine Form

wenn *Bedingungsteil* dann *Aktionsteil*.

Innerhalb des *Aktionsteils* ⟨*Konklusion*⟩ kann eine direkte Handlungsanweisung stehen oder mittels einer Implikation bzw. Deduktion der Wahrheitswert einer Aussage hergeleitet werden, die den *Bedingungsteil* ⟨*Prämisse*⟩ einer weiteren Regel darstellt, z.B. beim stufenweisen Verdichten während der Diagnostik.

Jede Regel beschreibt eine Relation. Normalerweise existiert keine explizite Strukturierung der Regeln, d.h. jede Regel ist prinzipiell unabhängig von den anderen Regeln. Sie repräsentiert einen abgeschlossenen Teil von *Wissen.

Impliziert wird eine Abhängigkeit jedoch durch die Art der *Wissensverarbeitung im Produktionssystem* sowie durch die Vermaschung von Vorbedingungen und Konsequenzen zwischen verschiedenen Regeln.

Die Ideen gehen zurück auf MYCIN [32], ein System zur medizinischen Diagnose. Neuere Ansätze ermöglichen teilweise eine Strukturierung der Datenbasis oder der Regelmenge [12].

B wenn Druck < Druckminimum
 und Pumpe arbeitet
 und Pumpe hat keine Störung
 dann Störung in der Leitung.

S [12; 32].

5.9 Relationales Datenmodell

Normalform
Relationale Datenstruktur
Relationale Operationen
Schlüssel

K Tabellenförmige Datenstrukturen mit zugehörigen Operationen.

L Das relationale Datenmodell besteht aus einer *Relationalen Datenstruktur* und darauf definierten *relationalen Operationen*.

Die *relationale Datenstruktur* wird definiert als Relation zwischen den „n" Attributen A1, ..., An und deren „m" Wertebereichen ⟨domains⟩ D1, ..., Dm. Der Wert „m" wird Grad der Relation genannt.

Eine Relation wird üblicherweise als 2-dimensionale Tabelle bestehend aus Zeilen und Spalten dargestellt. Spaltenbezeichnungen sind die Attributnamen, Spaltenwerte die zugehörigen Attributwerte; jede Zeile besteht vollständig aus allen Spalten und entspricht einem Element ⟨Tupel⟩ der Relation. Alle Tupel sind paarweise verschieden, d.h. es gibt keine gleichen Tabellenzeilen. Die Reihenfolge der Tupel ist ohne Bedeutung. Eine derartig aufgebaute *relationale Datenstruktur* befindet sich in der 1. *Normalform* [1]. Ein *Schlüssel* ist eine Angabe von Attributen zur eindeutigen Identifizierung einzelner Tupel, d.h. von Zeilen der Tabelle. Wenn alle Attribute, die nicht zu den *Schlüssel*-Attributen gehören, von der Gesamtheit dieser *Schlüssel*-Attribute abhängen, befindet sich die Relation in der 2. *Normalform*. Sind ferner die Nicht-*Schlüssel*-Attribute nicht indirekt voneinander abhängig, so spricht man von der 3. *Normalform*.

Ausgehend von den bei der Normalisierung entstehenden Relationen sind auf diesen folgende *relationale Operationen* [34–36] definiert.

- Verbund: Zusammensetzung von mehreren Relationen über gemeinsame Attribute.
  Verknüpft werden die Zeilen, bei denen in ausgewählten Spalten Wertgleichheit vorliegt.
- Division: Auswahl derjenigen Tupel einer Relation, die mit allen Tupeln einer weiteren Relation eine Beziehung erfüllen.
- Projektion: Streichen nicht benötigter Spalten. Falls dadurch identische Zeilen auftreten, werden diese überflüssigen Zeilen gestrichen.
- Restriktion: Auswahl durch Einschränkung der möglichen Attributwerte.

– Selektion: Durchsuchen einer Tabelle nach Zeilen, für die eine bestimmte Bedingung erfüllt ist und Streichen der übrigen.

Relationale Datenmodelle besitzen enge Verwandtschaft mit logikorientierten Wissensrepräsentationen. Die *relationale Datenstruktur* entspricht einem Faktenstand. Die Relationen des Datenmodells entsprechen Erweiterungen von *Prädikaten* (*Logik*), deren Wahrheitswert unmittelbar durch die gespeicherten Werte ausgedrückt wird [37]. Derzeitiges Forschungsgebiet ist die Kopplung bzw. Integration traditioneller relationaler Datenmodelle mit *wissensbasierten Systemen* ⟨WBS⟩.

B

Relation Städte

Ort	PLZ
Hamburg	2000
Frankfurt	6000
Stuttgart	7000
München	8000

Relation Kunden

Name	PLZ	Straße
Hahn GmbH	2000	Hubertusstraße 62
Fa. Kurz	2000	Augustenstraße 57
Müller AG	7000	Sophienstraße 43
Fa. Lang	7000	Karlsstraße 33

Relation Aufträge

Kunde	Produkt	Menge	Datum
Hahn GmbH	XYZ	10 t	18.01.
Hahn GmbH	XYY	1 t	19.01.
Fa. Lang	ZXZ	30 kg	18.02.

Projektion   Suche in Städte alle Orte mit Kunden.
Verbund   Suche in Städte und Aufträge das Datum und den Ort aller XYZ-Lieferungen.
Restriktion Suche in Aufträge alle Kunden mit Menge größer 1 t.

[S] [34 bis 37].

5.10 Skripte

Eintrittsbedingungen
Resultate
Rollen
Requisiten

[K] Ereignisorientierte Repräsentationsform zur Darstellung von Abläufen.

[L] Skripte ⟨scripts⟩ sind prototypartige Beschreibungen von Handlungen (ereignisorientiert). Ihre Darstellung ist ähnlich der Darstellung von *Objekten mit Konzepten wie Fächern ⟨slots⟩, *Instanzen* und Defaultwerten. Im Gegensatz zu *Objekten enthalten Skripte eine implizite Darstellung von Zeit, da die Reihenfolge der Ereignisse in den Fächern von Bedeutung ist.

Spezielle Fächer bilden die *Eintrittsbedingungen* ⟨entry conditions⟩ und die *Resultate* ⟨results⟩. *Eintrittsbedingungen* beschreiben einen Zustand, der gelten muß, damit die beschriebene Handlung stattfinden kann. *Resultate* sind Zustandsbeschreibungen die gelten, wenn die Handlung abgelaufen ist. Weitere Fächer bilden die *Rollen* ⟨roles⟩, die aktive Elemente der Handlung (z. B. eine beteiligte Person) darstellen und die *Requisiten* ⟨probs⟩, die passive, an der Handlung beteiligte Objekte darstellen. Skripte wurden primär zur Formalisierung natürlicher Sprache eingesetzt. Neuere Anwendungen liegen im Bereich der Diagnose und Planung für technische Prozesse sowie der Robotik.

|B|
SCRIPT Restaurant:
   Person betritt Lokal.
   Person setzt sich und bestellt Mahlzeit.
   Essen wird zubereitet und serviert.
   Person ißt, zahlt und verläßt Lokal.
END SCRIPT Restaurant.

Implizites Resultat des Skripts z. B.
Man muß im Lokal sein
um eine Mahlzeit zu bestellen.

|S| [38].

6. Wissensbasiertes System ⟨WBS⟩

Automatischer Theorem-Beweiser
  ⟨automatic theorem prover⟩
Natürlichsprachliches System
  ⟨natural language system⟩
Bildverarbeitendes System
  ⟨vision system⟩
Robotik
  ⟨robotics⟩
Expertensystem
  ⟨expert system⟩

[K] Sammelbegriff für verschiedene, anwendungsnahe Teilgebiete der KI.

[L] Aus der reinen Grundlagenforschung innerhalb der Künstlichen Intelligenz heraus haben sich in den letzten Jahren einige anwendungsnahe Teilgebiete entwickelt, die mittels zum Teil sehr unterschiedlicher Ansätze bemerkenswerte Ergebnisse erzielen, ohne den Anspruch auf eine exakte Nachahmung oder Nachbildung menschlicher Fähigkeiten. Zu diesen Teilgebieten gehören u.a. *automatische Theorem-Beweiser* ⟨automatic theorem prover⟩, *natürlichsprachliche Systeme* ⟨natural language systems⟩, *bildverarbeitende Systeme* ⟨vision systems⟩, die *Robotik* ⟨robotics⟩ sowie die *Expertensysteme* ⟨expert systems⟩. Das *automatische Theorem-Beweisen* hat sich aufgrund seiner engen Beziehung zu mathematischen Logik sehr bald als eigenständige Disziplin herausgebildet. Bei den *natürlichsprachlichen Systemen* liegt derzeit der Schwerpunkt auf der Analyse gesprochener Sprache sowie auf der Analyse und Synthese geschriebener Sprache.

Die *Bildverarbeitung* wird vor allem durch vielfältige statistische und vergleichbare Methoden zur Mustererkennung von den anderen Gebieten abgegrenzt. Die *Robotik* befaßt sich mit der autonomen Planung von Aktionssequenzen sowie der Anbindung an die sensorischen Aufgaben (Bild- und Sprachverarbeitung). *Expertensysteme* sollen die einem *Experten* vergleichbare Leistung in einem streng abgegrenzten fachlichen Gebiet ermöglichen. Diese verschiedenartigen Teilgebiete der künstlichen Intelligenz KI werden unter dem Begriff Wissensbasierte Systeme WBS zusammengefaßt. Ihnen gemeinsam sind die zugrundeliegenden Paradigmen der künstlichen Intelligenz KI bei Entwurf und Implementierung der Systeme. Aufgrund z.T. vielfältiger anwendungsseitiger Schnittstellen zwischen den einzelnen Teilgebieten, z.B. zwischen *bildverarbeitenden Systemen* und Anwendungen in der *Robotik*, ist zu erwarten, daß die diversifizierten Teilbereiche auch in technologischer Hinsicht wieder zu einem Gebiet „Wissensbasierte Systemtechnologie" zusammenwachsen werden.

6.1 Arten

6.1.1 Expertensystem

[K] Computerprogramm, welches Spezialwissen und Schlußfolgerungsfähigkeit von menschlichen *Experten in einem eng begrenzten Aufgabengebiet nachbildet.

[L] Computerprogramm, das Problemstellungen mit einer einem *Experten vergleichbaren Leistung lösen kann, insbesondere in Bereichen, wo das *Wissen diffus und schwer algorithmisch definierbar ist, oder wo auf die algorithmische Lösung aus Komplexitätsgründen verzichtet werden muß.

Expertensysteme besitzen als grundlegende Eigenschaft eine *Architektur, bei der das *Wissen innerhalb der *Wissensbasis getrennt von dem Problemlösungsverfahren implementiert ist. Das *Wissen wird in Form einer speziellen *Wissensrepräsentation dargestellt. Darauf arbeitet eine spezialisierte Komponente zur *Wissensverarbeitung. Weitere separate Komponenten sind die Werkzeuge zur *Wissenseingabe, *Wissenskonsultation und *Wissensverwaltung.

Der klassische Nutzen von Expertensystemen in der Industrie besteht in der Möglichkeit *Experten bei Routinetätigkeiten zu entlasten oder einfache Probleme ohne *Experten lösen zu können. Neuere Anwendungen zielen darauf, das *Wissen zu strukturieren, aufzubereiten und als wichtigen Produktionsfaktor langfristig pflegen und erweitern zu können.

Eine Unterteilung des breiten Anwendungsfelds kann z. B. anhand der behandelten Problemtype oder Problemlösungstype erfolgen:

Problemtyp	Problemlösungstyp
Interpretation (Ableitung von Zuständen)	Ableitung
Diagnostik (Ableitung von Fehlern)	Ableitung
Überwachung (Ableitung von Abweichungen)	Ableitung
Konfiguration (Anordnung von Gegenständen)	Generierung
Planung (Anordnung von Handlungen)	Generierung
Vorhersage (Anordnung von Zuständen)	Generierung

Vielfältig werden heute noch zwei Schwachpunkte beim Einsatz von Expertensystemen bemängelt. Zum einen beschränkt sich die Wissensrepräsentation auf sog. Oberflächenwissen ⟨shallow knowledge⟩, welches zumeist empirischer Natur ist. Mit der Einbindung von tiefem Wissen, z. B. bei *modellbasierten Systemen*, werden bessere Verwendbarkeit und Erklärbarkeit erwartet. Bei technischen Systemen ist dieses Tiefenwissen teilweise bereits verfügbar. Ein anderes Problem ist der sog. Plateau-Effekt, der einen plötzlichen/sprunghaften Leistungsabfall oder ein völliges Versagen am Randbereich der *Wissensbasis* bezeichnet. Auch hier verspricht man sich Abhilfe durch den Einsatz von Tiefenwissen.

S [7].

6.1.2 Modellbasiertes System

[K] Kombiniertes analytisches und heuristisches System.
[L] Modellbasierte Systeme sind vorrangig für den Einsatz bei der automatischen Überwachung und Fehlerdiagnose von technischen Prozessen konzipiert worden. Hierzu werden analytisches und heuristisches Prozeßwissen kombiniert, um eine sinnvolle Ergänzung beider *Wissensarten zu nutzen, was die Effizienz der Systeme in diesem Anwendungsbereich deutlich steigern kann [39].

Der analytische Teil der *Wissensbasis besteht im wesentlichen aus einem Prozeßmodell in Form eines Systems von Differentialgleichungen, dessen Struktur a-priori festzulegen ist und das mit Hilfe von Parameter- und Zustandsschätzmethoden on-line quantifiziert werden kann, aus in einer Lernphase akquirierten Nominalwerten des Prozesses (normaler Prozeßzustand) und weiteren quantifizierbaren Prozeßdaten. Der heuristische Teil (*Heuristik) der *Wissensbasis beschreibt nicht exakt mathematisch formulierbare, unscharfe Zusammenhänge (Fehlerbäume, Prozeßgeschichte, Fehlerstatistiken).

Die Problemlösungskomponente vereint analytische und heuristische Vorgehensweise. Gemessene Prozeßsignale werden modellgestützten Verfahren der Signalverarbeitung unterworfen (Filterung, Parameter- und Zustandsschätzung, Spektralanalyse), um nach einer Merkmalsextraktion (Symptomgenerierung) Fakten über das technische System zu liefern. Eine Komponente zur *Wissensverarbeitung verwendet diese Fakten auf der Basis der implementierten *Wissensbasis, um Aussagen über den Prozeßzustand, eventuell aufgetretene Fehler und deren mögliche Ursachen abzuleiten.

Modellbasierte Systeme lassen sich zwischen Systemen zur klassischen Signalanalyse und reinen Formen von *wissensbasierten Systemen* ⟨WBS⟩ einordnen, wodurch auch die Bezeichnung „Engineering based expert systems" [40] geprägt wurde. Durch ihren Applikationsschwerpunkt müssen sie on-line am realen technischen Prozeß lauffähig sein.

B Heuristische Wissensbasis für E-Motor mit Kreiselpumpe nach [39]:

E-Motor

Ankerwiderstand wächst	wenn Erwärmung oder Kommutatorschaden.
Flußverkettung sinkt	wenn Erwärmung oder Sättigung.
Erwärmung	wenn Überlast oder defekte Kühlung.
Kommutatorschaden	wenn agressive Gase oder Wartungsfehler.
Sättigung	wenn Erregerspannung zu groß oder Produktfehler.

Kreiselpumpe

Wirkungsgrad sinkt	wenn Kavitation oder Laufrad-Verschleiß oder Dichtspalt zu groß.
Trägheitsmoment sinkt	wenn Wellenversatz oder Laufrad-Verschleiß.
Beschleunigungswert sinkt	wenn Kavitation oder schlechte Entlüftung.

S [39; 40].

6.2 Architektur

6.2.1 Aktorsystem

[K] Paralleles System zur Ausführung kommunizierender Aktorprozesse.

[L] An die Architektur und Implementierung eines Aktorsystems werden eine Reihe von Forderungen gestellt, die sich aus der Modellierung mittels parallel ausführbarer *Aktoren* ergibt. Da jeder Aktor auf einen Softwareprozeß abgebildet wird, muß das Aktorsystem eine große Zahl von Aktorprozessen verwalten können sowie das effiziente Erzeugen, Kopieren, Verlagern und Löschen dieser Aktorprozesse ermöglichen. Zusätzlich verlangt der Austausch von Nachrichten zwischen den Aktoren schnelle, sichere Kommunikationsabläufe.

Diese Vorraussetzungen sind beim Einsatz konventioneller Rechner und Betriebssysteme nicht gegeben. Aus diesem Grund werden hochgradig parallele Hardwarekomponenten eingesetzt, deren Mikrocode auf das Aktormodell hin optimiert ist [1]. Andere Experimentalimplementierungen werden innerhalb eines Lisp-Systems (*KI-Entwicklungsumgebung*) interpretativ abgearbeitet.

[B] Die Actorsprachen ACT1, ACT2, ACT3, Ether und Omega.

[S] [51].

6.2.2 Hybrides System

[K] System, welches verschiedene Architekturformen zur Verfügung stellt.

[L] Hybride Systeme stellen verschiedene Formen der *Wissensrepräsentation und der *Wissensverarbeitung nebeneinander zur Verfügung. Beispielsweise können in einem hybriden System regel- (*Produktionssystem), objekt- und logikorientierte Architekturformen vorhanden sein. Zum Aufbau der *Wissensbasis können eine oder mehrere Formen der *Wissensrepräsentation verwendet werden. Das hybride System verfügt über interne Schnittstellen mittels derer Informationen und Ergebnisse zwischen den verschiedenen Architekturformen ausgetauscht werden können.

[B] Loops [41], KEE [42], Babylon [43]

[S] [41 bis 43].

6.2.3 Konnektionistisches System

Aktivierungsgrad ⟨Aktivierungszustand⟩
Verbindungsstärke ⟨Gewichte⟩

[K] Hochgradig paralleles System, aufbauend auf einfachen Verarbeitungseinheiten.

[L] Ein konnektionistisches System besteht aus einer mittleren (10–100) bis sehr großen (> 1000) Anzahl etwa gleichmächtiger Prozessoren. Die Verarbeitung basiert im wesentlichen auf der Kommunikationsstruktur zwischen diesen Elementarprozessoren [46] und steht damit im Gegensatz zu komplexen *Objekt- oder *Aktorsystemen.

Jedem Prozessor wird ein *Zustandsraum* zugeordnet. Desweiteren besitzt er einen *Aktivierungsgrad* ⟨*Aktivierungszustand*⟩. Die Verbindungselemente zwischen den Prozessoren sind gerichtete, gewichtete Kanten mit ganzzahligen Werten (*Verbindungsstärken, Gewichte*). Je nach Wichtung der Verbindung, wirkt sie im Sinne einer neutralen Reizleitung aktivierungserhöhend oder -senkend. Ein Prozessor feuert, wenn sein *Aktivierungsgrad* einen gewissen Schwellenwert überschritten hat.

Aufgrund der granularen, verkoppelten Vielfachstruktur ist ein konnektionistisches System in starkem Maße unempfindlich gegen innere und äußere Störungen bzw. Defekte. So können z. B. im Bereich der Bildverarbeitung fehlende Bildeingangssignale durch das strukturelle Wissen innerhalb des konnektionistischen Systems komplettiert werden. Gleichermaßen nimmt die Leistung eines konnektionistischen Systems nur ab, wenn Teile des Systems entfernt werden, es versagt jedoch i. d. R. nicht komplett.

[S] [44 bis 46].

6.2.4 Logikorientiertes System

[K] System zur Bearbeitung logischer Aussagen.

[L] Logikorientierte Systeme dienen der Speicherung formallogischer Aussagen (*Logik*) sowie der Ableitung neuer Aussagen unter Verwendung eines speziellen Beweisverfahrens. Am verbreitesten sind *Prolog*-Systeme, die auf einer speziellen Teilmenge der Prädikatenlogik arbeiten.

Ein *Prolog*-System besteht aus mindestens zwei Teilen, einer Klauselbasis ⟨clause set⟩, die die derzeit bekannten wahren *Aussagen* enthält und einem Ableitungssystem ⟨Inferenzsystem⟩ (*Wissensverarbeitung*) zur Ableitung neuer Aussagen.

Innerhalb eines *Prolog*-Systems werden die logischen Ausdrücke in Hornklauselform abgespeichert. Das *Prolog*-System bietet dem Anwender eine Reihe von vordefinierten *Prädikaten* ⟨built-in system predicates⟩. Mit diesen können z. B. Schreib- und Leseoperationen ausgeführt, die Menge der Aussagen dynamisch verändert oder die *Wissensverarbeitung* im logikorientierten System gesteuert werden.

Als Implementierungen sind interpretative, z. T. auf *Lisp* implementierte, ebenso wie halb-compilierende Versionen bekannt.

[S] [21].

6.2.5 Objektorientiertes System

[K] Alle relevanten Komponenten des Systems werden durch *Objekte* modelliert.

[L] Bei einem objektorientierten System werden alle relevanten Komponenten sowie eventuell auch die Funktionen des technischen Systems durch *Objekte* repräsentiert (∗*Wissensrepräsentation im objektorientierten System*). Üblicherweise werden *Klassen* zur Beschreibung der Komponententypen definiert. Durch *Instantiierung* wird anhand der Typen ein Abbild des modellierten technischen Systems auf dem Rechner erzeugt. Dieses beinhaltet neben der Aufzählung der modellierten Komponenten auch deren Struktur, z. B. X ist-Teil-von Y, und der Topologie, z. B. X ist-verbunden-mit-Z.

Ein objektorientiertes System besitzt vordefinierte *Objekte* ⟨system objects⟩ mit denen die Grundfunktionalität des Systems implementiert wurde. Diese werden vom Anwender um seine anwendungsspezifischen Objekte ergänzt.

Durch *Vererbung* lassen sich Analogien zwischen den modellierten Problemeinheiten spezifizieren und ausnutzen, durch Nachrichten der Informationsfluß zwischen diesen Einheiten. Die durch Vererbung und Nachrichtenaustausch definierten Strukturen sind gut mit den tatsächlichen Strukturen des modellierten technischen Systems vergleichbar.

[S] [47].

6.2.6 Produktionssystem ‹production system›

[K] System zur Bearbeitung von Regelmengen

[L] Ein Produktionssystem besteht aus drei Teilen. Aus einer *Regelmenge*, aus einer Datenbasis ‹working memory› auf der die *Regelmenge* operiert sowie aus einem Regelinterpreter zur *Wissensverarbeitung* im Produktionssystem.

Bei der *Regelmenge* unterscheidet man zwischen Expertenregeln, die das Fachwissen eines *Experten* beschreiben und Kontrollregeln, die die *Wissensverarbeitung* im Produktionssystem steuern. Für die Kontrollregeln ist auch der Begriff Metawissen üblich, d. h. das Wissen über die richtige Anwendung der Regeln.

[S] [12].

6.2.7 Tafelsystem ‹blackboard system›

[K] Integrierendes Interaktionsmodell zwischen verschiedenen *wissensbasierten Systemen* ‹WBS›.

[L] Als Tafelsystem ‹Blackboard› werden solche Architekturen bezeichnet, die mittels einer integrierenden Tafelkomponente, das Modell einer Gruppe unabhängig arbeitender Spezialisten realisieren, die jeweils Teilaspekte der Problemlösung behandeln.

Ein Blackboard-System enthält drei Hauptkomponenten:

- eine globale uniforme Datenstruktur, die Tafel ‹Blackboard›, welche einerseits Eingangsdaten enthält, andererseits aus den Daten abgeleitete Hypothesen zur Lösung des gegebenen Problems.

- eine Anzahl von Komponenten zur *Wissensverarbeitung*, welche aus den Daten oder Hypothesen neue, weiterreichende Hypothesen für die Lösung der Aufgabe ableiten; jede dieser Komponenten ist auf die Bearbeitung eines Ausschnitts des Blackboard spezialisiert.
- einen Mechanismus ⟨Scheduler⟩, zum Aufruf von Komponenten zur *Wissensverarbeitung* verschiedener Wissensquellen auf relevanten Teilen der Tafel ⟨Blackboard⟩;

Der besondere Vorteil der Tafel-Architektur liegt in ihrer Fähigkeit, eine Vielzahl verschiedenartiger Prozesse in einem einzigen System zusammenzufassen, insbesondere auch die Brücke zwischen signalartigen und symbolischen Daten zu schlagen (bei der Sprachverarbeitung etwa Übergänge zwischen akustischer, phonologischer, syntaktischer und semantischer Ebene). Weiterhin begünstigt sie die opportunistische Kombination von Bottom-Up- und Top-Down-Verarbeitung und bietet damit mehr Freiheit bei der Verarbeitungsreihenfolge der zu bewertenden Daten und Hypothesen.

S [48 bis 50].

6.3 Komponenten

6.3.1 Wissensbasis

[K] Komponente zur expliziten Beschreibung von Wissen.

[L] *Wissensbasierte Systeme* ⟨WBS⟩ sollen das Problemlöseverhalten eines menschlichen Experten nachbilden. Das fachspezifische *Wissen* zur Problemlösung beim menschlichen *Experten* findet programmtechnisch seine Entsprechung in der als Wissensbasis bezeichneten Komponente des WBS. Es handelt sich hierbei um eine logische Datenstruktur, in der das relevante *Wissen* in einer formalisierten Gestalt vorliegt, die für die maschinelle *Wissensverarbeitung* unmittelbar geeignet ist. Wesentliche Merkmale dieser Darstellung sind:

- Aufgabenspezifisches *Wissen* ist von problemunabhängigem *Wissen* zur Konstruktion der Lösung getrennt (Einfachheit, Überschaubarkeit, Ökonomie).

- Das *Wissen* liegt konzentriert, explizit und damit unmittelbar erkennbar vor.

- Das *Wissen* ist bzgl. der Anwendbarkeit strukturiert (z.B. linear oder hierarchisch), so daß anwendbares *Wissen* leicht ausgewählt werden kann (Ablaufverfolgung zur Fehlerbeseitigung bzw. als Ableitungsprotokoll zur Rechtfertigung von Schlüssen).

- Das *Wissen* ist modular, so daß gezielte Änderungen sowie inkrementelle Erweiterungen leicht angebracht werden können.

[S] [30].

6.3.2 Wissensverarbeitung

6.3.2.1 Wissensverarbeitung im Aktorsystem

[K] Wissensverarbeitung durch Nachrichtenaustausch und -bearbeitung zwischen parallel arbeitenden *Objekten*.

[L] Die Wissensverarbeitung in einem Aktorsystem entspricht in den wesentlichen Punkten der Wissensverarbeitung in *objektorientierten Systemen.

Alle Aktionen eines Aktors laufen parallel ab. Zur Kommunikation verwenden die Aktoren asynchrone, gepufferte Anfragen ⟨Requests⟩ und Antworten ⟨Responses⟩ über ein unterlagertes Mail-System. Ein Paar von Anfrage ⟨Request⟩ und Antwort ⟨Response⟩ wird als eine Transaktion bezeichnet. Transaktionen stellen ein wesentliches Element der Verfeinerung bzw. Vergröberung dar, da diese z. B. ineinander geschachtelt werden können.

[S] [31].

6.3.2.2 Wissensverarbeitung im konnektionistischen System

[K] Wissensverarbeitung durch gewichtete Übertragung von Reizzuständen.

[L] Ein konnektionistisches System besteht aus einer großen Anzahl von Prozessoren, die über Signalleitungen miteinander verbunden sind. Eingangssignale werden auf ihrem Weg über innere Leitungen durch eine Wichtung beaufschlagt an die Prozessoren weitergeleitet. Diese leiten die Signale ihrerseits nur weiter, wenn der jeweilige Prozessor einen bestimmten Aktivierungszustand erreicht hat.

Das Setzen der Verbindungsgewichte und der Aktivierungszustände geschieht in einer Lernphase.

Je nach Anwendungsfeld können spezifische Signalverhalten erzeugt werden, z. B.

- Mustererkennung (Ausgabe eines Antwortmusters auf eine spezifische Mustereingabe hin),
- Merkmaldetektion (Erkennung bestimmter, charakteristischer Mustermerkmale,
- Mustervervollständigung (Korrektur oder Ergänzung),
- Assoziativer Zugriff (Ableitung eines Suchmerkmals).

Vielversprechende Einsatzbereiche ergeben sich, wenn eine verteilte Wissensspeicherung probleminhärent gegeben ist. Dabei sind auch Transformationen der Signalarten möglich, z. B. Generierung eines Bildes aus einem akustischen Signal.

boxed{S} [52].

6.3.2.3 Wissensverarbeitung im logikorientierten System

boxed{K} Wissensverarbeitung durch Ableitung von *Aussagen*.

boxed{L} Zentrales Verfahren ist das Auflösungs- oder Resolutionsverfahren [53], ein Beweisverfahren bei dem die zu beweisende *Aussage* negiert zu der vorhandenen ∗*Wissensbasis* hinzugefügt wird. Führt die Auflösung der zusammengesetzten Aussagenmenge zu einem Widerspruch, dann ist die zu beweisende *Aussage* „wahr".

Bei der Resolution werden die Variablen in den *Prädikaten* durch Literale unifiziert, z. B. alle Ventile sind offen: Ventil(x) → offen(x), kann mit Ventil(A) unifiziert werden zu Ventil(A) → offen(A). Das Berechnungsproblem liegt in der geeigneten Auswahl der als nächstes zu unifizierenden Aussage. Bei *Prolog*-Systemen wird i.d.R. ein lineares Auflösungsverfahren benutzt, bei dem jeweils das erste zutreffende *Prädikat* herangezogen wird. Wird ein nicht erfolgreicher Lösungsansatz erkannt, müssen Teile der bearbeiteten *Aussagen* wieder zurückgesetzt werden ⟨backtracking⟩.

Um die Suche nach geeigneten *Prädikaten* zu beschleunigen oder um nicht benötigte Suchräume abschneiden zu können, bieten logikorientierte Systeme in der Regel vordefinierte *Prädikate* ⟨built-in predicates⟩ an, mittels derer sich der Lösungsweg gezielt beeinflussen läßt.

Bei einer *Wissensrepräsentation* mit nicht-monotoner Logik sind diese Zurücksetzungsverfahren teilweise sehr kompliziert und aufwendig.

B

	Verbale Beschreibung	Klausel (*Logik)
(1)	Alle Turbinen erzeugen Leistung	nicht T(x) oder L(x)
(2)	Alle Verdichter erzeugen keine Leistung	nicht V(y) oder nicht L(y)
(3a, b)	Es gibt Rotationsmaschinen, die Verdichter sind.	R(A), V(A)
(4)	Zu beweisen: Es gibt Rotationsmaschinen, die keine Turbine sind.	negiert: nicht R(z) oder T(z)

	Beweis:	
(5)	(3b) in (4)	T(A)
(6)	(5) in (1)	L(A)
(7)	(6) in (2)	nicht V(A)
(8)	(7) in (3a)	Widerspruch, d.h. die zu beweisende Aussage ist wahr.

boxed(S) [53].

6.3.2.4 Wissensverarbeitung im objektorientierten System

Assoziative Tripel
Eigenschaften ⟨properties⟩
Fach ⟨slot⟩
Prozedurale Ankopplung
Standardwert ⟨default⟩

boxed(K) Wissensverarbeitung durch Nachrichtenaustausch und -bearbeitung.

boxed(L) Die Verarbeitung im *objektorientierten System* erfolgt durch Austausch von *Nachrichten*. Der Sender adressiert den Empfänger durch dessen Namen. Der Empfänger entscheidet anhand der Argumente einer *Nachricht*, ob er sie empfängt und wie er sie bearbeitet.

Bei der Verarbeitung reagieren *Objekte* auf parametrisierte *Nachrichten* durch innerhalb des *Objekts* beschriebene *Methoden*. Mittels dieser *Methoden* kann die *Nachricht* verarbeitet werden und/oder neue *Nachrichten* verwendet werden (*Wissensrepräsentation Objekte*).

Oft wird dabei die strenge Datenkapselung des reinen objektorientierten Programmierstils aufgeweicht und z.B.

direkte Zugriffe auf Variablen ⟨*Attribute*⟩ eines Objekts erlaubt. Entsprechende Ausdrücke der Form „Objekt Attribut Wert" (z. B. „Auto-1 Farbe rot") heißen *assoziative Tripel*.

Die Variablen ⟨*Attribute*⟩ eines *Objekts* werden meist *Fach* ⟨slot⟩ genannt. Sie können außer ihrem Namen (Name des Attributs) und dem zugehörigen Wert auch noch Informationen (Facetten) über zusätzliche *Eigenschaften* ⟨Properties⟩ tragen (z. B. Beschreibung eines *Standardwerts* ⟨*default*⟩ für die *Instanziierung*; Angabe der ausschließlich zulässigen Werte für dieses Attribut).

Prozedurale Ankopplung bedeutet, daß beim Zugriff auf den Wert eines *Attributs* automatisch auch eine vom Benutzer spezifizierte, an diesen Wert angekoppelte Prozedur aufgerufen wird. Damit kann z. B. beim Lesen eines *Attributs* der aktuelle Wert durch eine Berechnungsvorschrift ermittelt werden oder es können beim Schreiben eines Werts andere Objekte benachrichtigt werden. Man spricht oft auch von aktiven Werten.

S [47].

6.3.2.5 Wissensverarbeitung im Produktionssystem

Rückwärtsverkettung
Vorwärtsverkettung
Vertrauensfaktor
Konfliktmenge
Konfliktlösung
Steuerung
   datengesteuert
   erwartungsgesteuert
   mustergesteuert
   zielgesteuert
Feuern

K Wissenverarbeitung durch Regelauswahl und -ausführung.

L Die Verarbeitung im *Produktionssystem* erfolgt durch Abarbeiten ⟨*Feuern*⟩ der *Regeln*. Eine *Regel* kann feuern, wenn ihr *Bedingungsteil* ⟨left-hand side, LHS⟩ erfüllt ist. Gilt dies während eines Verarbeitungsschritts für mehrere Regeln gleichzeitig, so besitzt man eine *Konfliktmenge* ⟨conflict set⟩. Die Konfliktmenge wird im recognize-cycle durch Vergleich ⟨pattern matching⟩ der Bedingungen jeder *Regel* mit dem Datenspeicher gebildet. Mittels eines Verfahrens zur *Konfliktlösung* ⟨conflict resolution⟩ wird dann diejenige *Regel* eines *Produktionssystems bestimmt, die ausgeführt werden darf ⟨*Feuern*⟩.

Als Inferenzmechanismus werden bei regelbasierten Schließen die *Rückwärts-* und *Vorwärtsverkettung* eingesetzt:

a) Bei der *Rückwärtsverkettung* ⟨backward chaining⟩ werden, vom eigentlichen Ziel ausgehend, die erforderlichen Vorbedingungen systematisch ermittelt. Hierauf folgt eine Iteration, bei der diese Bedingungen selbst als Ziele betrachtet werden, deren Bedingungen festzustellen sind, usw. Die Vorgehensweise ist *zielgesteuert*.

b) Bei der *Vorwärtsverkettung* ⟨forward chaining⟩ wird umgekehrt der *Bedingungsteil* ⟨left-hand side, LHS⟩ einer Regel als Auswahlkriterium herangezogen und entsprechende Aktionen ausgelöst. Die Vorgehensweise ist *datengesteuert* ⟨*mustergesteuert, erwartungsgesteuert*⟩, d.h. sie geht von den aktuell vorliegenden Daten aus.

Über den *Vertrauensfaktor* ⟨confidence factor⟩ kann eine gewonnene Aussage oder Hypothese gewichtet werden. Mögliche Darstellungen hierfür sind numerische Werte (Evidenzwert) bzw. verbale Beschreibungen (*Fuzzy Logik*).

[S] [12].

6.3.3 Wissenseingabe

Analysekomponente
Dokumentationskomponente
Editorkomponente

[K] Komponenten zur Eingabe von Wissen in die *Wissensbasis*, zur Überprüfung der erstellten *Wissensbasis* und zur graphischen oder textuellen Ausgabe der *Wissensbasis*.

[L] Mit der Wissenseingabe wird das *Wissen* eines menschlichen (Fachgebiets-) *Experten* in eine maschinell verarbeitbare Form umgesetzt. Diese Form wird durch die verwendete Art der *Wissensrepräsentation* festgelegt.

Die Eingabe erfolgt über *Editoren*, durch Transformationssysteme, die vorhandene Datenbestände in die verwendete *Wissensrepräsentation* umsetzen oder durch induktive Eingabesysteme, die aus gegebenen Beispiel- bzw. Falldaten automatisch die maschinell verarbeitbare Form ableiten.

Der *Editor* ist ein Werkzeug zur Eingabe von Wissen in die *Wissensbasis*. Die Eingabe erfolgt in der Regel auf der Basis formaler Sprachen entweder textuell oder graphisch. Syntaxorientierte *Editoren* erleichtern die Wissenseingabe.

Werkzeuge, die den Inhalt der *Wissensbasis* auf Konsistenz, Vollständigkeit, Redundanz usw. überprüfen, sind Bestandteil der Wissen*analyse*. Es wird zwischen statischen und dynamischen Prüfungen unterschieden. Statische Prüfungen können vor der Konsultation auf die Inhalte der *Wissenbasis* angewandt werden (z. B. Erkennen isolierter Objekte). Dynamische Prüfungen können dagegen nur während der Konsultation durchgeführt werden (z. B. Erkennen von Kreisschlüssen in *Regelmengen*).

Der aktuelle Inhalt der *Wissensbasis* oder der aktuelle Zustand während der Konsultation kann durch rechnergestützte *Dokumentation* sowohl textuell als auch graphisch dargestellt werden (z. B. Darstellung der Eingangs- bzw. Ausgangsbeziehungen von Bedingungs- und Aktionsteil in *Regelmengen* oder Darstellung der Vererbung bei *Objekten*).

6.3.4 Wissenskonsultation

Anfragekomponente
Ausgabekomponente
Erklärungskomponente

[K] Anfrage durch Benutzer oder per Programm an das *wissensbasierte System* ⟨WBS⟩, Ausgabe der Ergebnisse und des ermittelten Lösungswegs.

[L] Zur Wissenskonsultation gehört die Möglichkeit der interaktiven Abfrage durch Benutzer an das WBS, z. B. bei Dialogsystemen ebenso wie die on-line-Abfrage durch Programme, z. B. in der technischen Anwendung. Insbesondere die letztere Anwendung ist bei automatisierungstechnischen Fragestellungen unter besonderen Echtzeitgesichtspunkten von Interesse. Unter der *Anfrage* versteht man sowohl die einzugebende Frage wie auch die weitere Eingabe von zusätzlichen Informationen während der eigentlichen *Wissensverarbeitung*.

Die *Ausgabekomponenten* geben die gefundene Lösung oder die erzielten Ergebnisse an den Benutzer aus oder leiten diese an ein Programm weiter.

Die *Erklärungskomponente* dient bei interaktiven Dialogsystemen zur Erklärung der Lösungswege. Bei on-line Anwendungen kann diese Komponente zur Zustands- und Auslöseprotokollierung sinnvoll eingesetzt werden.

Zwischen der *Wissensverarbeitung* und der *Erklärung* bei der Wissenskonsultation besteht eine enge Beziehung, jedoch ist die Darstellung der internen *Wissensrepräsentation* und der internen *Wissensverarbeitung* als Erläuterung meist nicht ausreichend oder nicht geeignet, da diese entweder zu abstrakt sind oder Zwischenschritte beinhalten, die für den Benutzer nicht aussagekräftig sind.

[B] Konsultationsmöglichkeiten beim Mycin-System

Ich bin das Computerprogramm Mycin und wurde entwickelt, um Sie bei der Auswahl der geeigneten Therapie für eine Infektionskrankheit zu beraten.

Ich gehe davon aus, daß Sie einen Patienten haben, von dem bereits eine Bakterienkultur, ich nenne sie K_1 in Zukunft, angelegt wurde. ...

... mögliche Antworten des Arztes sind immer:

unb	unbekannt
?	gebe mir Beispiele für die hier möglichen Antworten
??	nenne mir alle möglichen Antworten
Regel	nenne mir die Regel, die verwendet wurde
FA	ich möchte beliebige Fragen stellen (Frage-Antwort-Modus)
Warum	erkläre mir, warum die letzte Frage gestellt wurde
zurück x	laß uns bei Frage x noch einmal beginnen
Stop	die Konsultation ist sofort abzubrechen
Hilfe	liefert diese Aufzählung.

6.3.5 Wissensverwaltung

[K] Komponenten zur Pflege und Wartung der *Wissensbasis*.

[L] Die notwendige Funktionalität kann heute nicht endgültig abgeschätzt werden, da die meisten *wissensbasierten Systeme* ⟨WBS⟩ noch als Entwicklungsprototypen ausgelegt sind und sich nicht als Anwendungs- oder Produktionsprogramme in der dauerhaften Benutzung und Erweiterung befinden. Es zeichnet sich aber ab, daß hier verstärkt Verfahren des maschinellen *Lernens* benötigt werden, da eine manuelle Wartung wegen der wachsenden Komplexität der WBS immer unökonomischer wird.

6.4 Werkzeuge zum Bau

6.4.1 Expertensystemschale
⟨Expertensystemrahmen, expert system shell⟩

K Werkzeug zur Parametrisierung/Aufbau von *Expertensystemen.

L Eine Expertensystemschale ist ein Entwicklungswerkzeug zum Aufbau von *Expertensystemen. Im wesentlichen besteht die Expertensystemschale aus den folgenden drei Komponenten:
- Komponente zur Abspeicherung der *Wissensbasis,
- Komponente zur *Wissenseingabe mit *Editor, Analysator* und *Dokumentator*,
- Komponente zur *Wissensverarbeitung ⟨Inferenzmaschine⟩.

Der Einsatz eines derartigen Werkzeugs ermöglicht den Aufbau von *wissensbasierten Systemen ⟨WBS⟩ ohne direkte Programmierung. Es wird vielmehr die leere *Wissensbasis durch Eingabe des anwendungsspezifischen *Wissens sukzessiv aufgebaut und getestet. Das Werkzeug selbst kann in einer konventionellen oder in einer KI-Sprache implementiert sein. Dem Benutzer wird eine typische Form der *Wissensrepräsentation angeboten bzw. bei *Hybriden Systemen verschiedene Formen.

Desweiteren unterteilt man in:
- Allgemeine Systeme, die unabhängig von einem Anwendungs- oder Problemtyp sind. Am Markt erhältliche Expertensystemschalen sind z. B. Babylon, KEE, ART, Twaice, Knowledge Craft, KES, S. 1, Rulemaster.
- Spezielle Systeme, die sich aufgrund einer besonderen Verarbeitungs- oder Modellierungsform insbesondere für einen Anwendungs- oder Problemtyp eig-

nen. Am Markt hierfür erhältliche Expertensystemschalen sind z. B. MAINTEX und Testbench zum Aufbau von Diagnosesystemen.

[S] [54]

6.4.2 KI-Entwicklungsumgebung

[K] Werkzeug zur Programmierung/Aufbau von *Expertensystemen.

[L] Spezielles Entwicklungswerkzeug zum Implementieren eines *wissensbasierten Systems ⟨WBS⟩ mittels einer KI-Sprache, zumeist nur auf einer besonderen Rechnerhardware lauffähig (LISP- oder optimierte UNIX-Maschinen). Als KI-Sprachen im engeren Sinne werden z. B. *Lisp*, *Prolog*, *Smalltalk* verstanden. Der Übergang von einer KI-Sprache zu einer einfachen *Expertensystemschale ist fließend, da einige Sprachen und einige KI-Entwicklungsumgebungen über integrierte Komponenten zur *Wissensverarbeitung verfügen.

Schrifttum

[1] *Barr, A., Feigenbaum, E.E.,* und *Cohen, P.R.:* The Handbook of Artificial Intelligence. William Kaufmann, Los Altos California 1981, 1982.

[2] *Shapiro, S.C.,* und *Eckroth, D.* (Hrsg.): Encyclopaedia of Artificial Intelligence. Wiley & Sons, New York 1987.

[3] AI Communications. Organ der AAAI (American Association for Artificial Intelligence), quartalsweises Erscheinen.

[4] AI Communications, The European Journal on Artificial Intelligence. Organ der ECCAI (European Coordinating Committee for Artificial Intelligence), quartalsweises Erscheinen.

[5] KI – Künstliche Intelligenz. Organ des GI-Fachbereichs „Künstliche Intelligenz", quartalsweises Erscheinen.

[6] *Dreyfus, H.,* und *Dreyfus, S.:* Künstliche Intelligenz: Von den Grenzen der Denkmaschine und dem Wert der Institution. Rororo 8144, 1987.

[7] *Puppe, F.:* Einführung in Expertensysteme. Springer Verlag, 1988.

[8] *Schefe, P.:* Künstliche Intelligenz – Überblick und Grundlagen. Reihe Informatik 53, BI-Wissenschaftsverlag, 1986.

[9] *Brachman, R.J.,* und *Levesque, H.J.:* Readings in Knowledge Representation. Morgan Kaufmann Publishers, California 1985.

[10] *Lenat, D.B.:* The Nature of Heuristics. Artificial Intelligence 19 (1982), S. 189–249.

[11] *Nilson, N.J.:* Principles of Artificial Intelligence. Springer-Verlag, 1982.

[12] *Hayes-Roth, F., Waterman, D.A.,* und *Lenat, D.B.:* Building Expert Systems. Addison-Wesley, 1983.

[13] *Michalski, R.S., Carbonell, J.G.,* und *Mitchell, T.M.:* Machine Learning: An Artificial Intelligence Approach. Tioga, Palo Alto 1982.

[14] *Kodratoff, Y.:* Introduction to Machine Learning. Morgan Kaufmann, Palo Alto 1989.

[15] *Feigenbaum, E.:* The Handbook of Artificial Intelligence. Kaufmann Inc., 1982.

[16] *Sussman, G.,* und *Steele, G. L.:* Constraints – a Language for Expressing Almost-Hierarchical Descriptions. Artificial Intelligence 16 (1981), S. 111–140.

[17] *Kohonen, T.:* Associative Memory. Springer-Verlag, 1977.

[18] *Marr, D.,* und *Poggio, T.:* Analysis of a Cooperative Stereo Algorithm. Biol. Cybern. 28 (1985), S. 223–239.

[19] *Dell, G. S.:* Positive Feedback with Hierarchical Connectionist Models: Applications to Language Production. Cognitive Science 9 (1985), S. 3–24.

[20] *Ramsay, A. M.:* Formal Methods in Artificial Intelligence. Cambridge Tracts in Theoretical Computer Science, 1988.

[21] *Clocksin, W. F.,* und *Mellish, C. S.:* Programming in Prolog. Springer-Verlag, 1981.

[22] *Zadeh, L. A.:* The rule of fuzzy logic in the management of uncertainty in expert systems. Fuzzy Sets and Systems 11 (1983).

[23] *Hughes, G. E.,* und *Cresswell, M. J.:* Einführung in die Modallogik. de Gruyter-Verlag, 1978.

[24] *Lewis, C. I.:* A survey of symbolic logic. University of California Press, Berkeley 1918.

[25] *Brobow, D.* (Hrsg.): Special Issue on Non-Monotonic Logic. Artificial Intelligence 13 (1980).

[26] *Rescher, N.,* und *Urquhart, A.:* Temporal Logic. Springer-Verlag, 1971.

[27] *Allen, J.:* Maintaining Knowledge about Temporal Intervalls. Comm. ACM 26 (1983) 11, S. 832–843.

[28] *Rich, E.:* Artificial Intelligence. Mac-Graw Hill, 1985.

[29] *Meyer, B.:* Objekt-Oriented Software Construction. Prentice Hall, 1988.

[30] *Harmon, P.,* und *King, D.:* Expertensysteme in der Praxis. Oldenbourg Verlag, München 1988.

[31] *Hewitt, C.:* Viewing Control Structures as Patterns of Passing Messages. Artificial Intelligence 8 (1977), S. 323.

[32] *Shortliffe, E. H.:* Computer Based Medical Consultations: MYCIN. Elsevier, New York 1976.

[33] *Richter, M.M.:* Prinzipien der Künstlichen Intelligenz. Teubner-Verlag, 1989.

[34] *Codd, E.F.:* A Relational Model of Data for Large Shared Data Banks. Comm. ACM 13 (1970) 6, S. 370–387.

[35] *Schlageter, G., und Stucky, W.:* Datenbanksysteme: Konzepte und Modelle. Teubner-Verlag, 1983.

[36] *Date, C.J.:* An Introduction to Datebase Systems. Addison Wesley, 1983.

[37] *Gallaire, H.,* und *Minker, J.:* Logic and Databases. Plenum Press, New York 1978.

[38] *Schank, R.C.,* und *Riesbeck, C.K.* (Hrsg.)*:* Inside Computer Understanding. Erlbaum, Hillsdale, New York 1981.

[39] *Isermann, R.,* und *Nold, S.:* Wissensbasierte Fehlerdiagnose technischer Prozesse. Fachtagung Prozeßrechensysteme '88, Stuttgart. Informatik Fachberichte, Springer-Verlag, 1988.

[40] *Nevis, J.L., Whitney, D.E.,* und *Edsall, A.C.:* Intelligent systems in manufacturing. 10th IFAC World Congress, München 1987. Preprints 4, S. 130–140.

[41] *Brobrow, D.G.,* und *Winograd, T.:* The LOOPS Manual. Palo Alto, Xerox Parc 1983.

[42] N.N.: KEE The Knowledge Engineering Environment. IntelliCorp, Menlo Parc 1983.

[43] *Christaller, Th., di Primio, F.,* und *Voß, A.:* Die KI-Werkbank Babylon. Addison Wesley, Bonn 1989.

[44] *Minsky, M.:* Neural Nets and the Brain Model Problem. PhD Princeton Universitxy 1954.

[45] *Neumann, J.v.:* Die Rechenmaschine und das Gehirn. Oldenbourg Verlag, München 1960.

[46] *Hillis, W.D.:* The Connection Machine. MIT Press, Cambridge 1986.

[47] *Goldberg, A.,* und *Robson, D.:* Smalltalk-80. The Language and its Representation. Addison-Wesley, 1983.

[48] *Erman, L.D., Hayes-Roth, F., Lesser, V.D.,* und *Reddy, R.D.:* The HEARSAY-II Speech Understanding System: Integrating Knowledge to Resolve Uncertainty. ACM Computing Surveys 12 (1980) 2, S. 213–253.

[49] *Nii, H. P., Feigenbaum, E. A., Anton, J. J.,* und *Rockmore, A. J.:* Signal-to-Symbol Transformation: HASP/SIAP Case Study. The AI Magazine (Spring 1982), S. 23–35.

[50] *Delaney, J.-R.:* Multi-System Report Integration Using Blackboards. Proc. '86 American Automatic Control Conf., Seattle, 18–20 June 1986, Vol. 1, S. 457–462.

[51] *Agha, C.* und *Hewitt, C.:* Concurrent Programming Using Actors Exploiting Large-Scale Parallelism. Conf. on Foundations of Software Technology and Theoretical Computer Science, Springer-Verlag, 1985.

[52] *Rumelhart, D. E.,* und *McClelland, J. L.:* The PDP Research Group: Explorations in the Microstructure of Cognition. MIT-Press, Cambridge 1986.

[53] *Robinson, J. A.:* A machine-oriented logic based on the resolution principle. Journal ACM 12 (1965), S. 23–41.

[54] *Citrenbaum, R., Geissmann, J. R.,* und *Schulz, R.:* Selecting a Shell. Ai Expert (Sept. 1987).

Aufgeführte Systeme / Sprachen:

ACT1	6.2.1
ACT2	6.2.1
ACT3	6.2.1
ART	6.4.1
Babylon	6.2.2
Ether	6.2.1
HEARSAY-II	6.2.7
KEE	6.2.2
KES	6.4.1
Knowledge Craft	6.4.1
LISP	6.4.2
LOOPS	6.2.2
MAINTEX	6.4.1
MYCIN	5.8
Omega	6.2.1
Prolog	5.3.1.2
Rulemaster	6.4.1
S.1	6.4.1
Smalltalk	6.3.2.4
Testbench	6.4.1
Twaice	6.4.1

Wörterverzeichnis englisch-deutsch

Das Verzeichnis enthält eine Gegenüberstellung der englischen und deutschen Begriffe. Falls keine deutsche Übersetzung gebräuchlich ist, wurde der deutsche Begriff in Klammern gesetzt. Falls keine adäquate Übersetzung existiert, sind leere Klammern angegeben.
Zusätzlich ist ein Verweis auf den entsprechenden Abschnitt des Kurzlexikons angegeben. Wurde der Begriff nicht in dieser Form in die Taxonomie aufgenommen, ist eine Kurzerläuterung beigefügt.

A*-algorithm	A*-Algorithmus *Klasse von Suchstrategien unter Verwendung von Schätz- und Kostenfunktionen*	
Abstract automaton	Abstrakter Automat	3.1.1
Activity state	Aktivierungszustand	6.2.3
Actor	Aktor	5.7
Actor system	Aktorensystem	6.2.1
Active rules	Aktive Regeln *Ändert eine Variable ihren Wert, so werden die Regeln aktiviert, die diese Variable verwenden*	
Agenda	( ) *Arbeitsvorschrift für noch zu bearbeitende Aufgaben eines Expertensystems, z. B. bei Tafelsystemen*	
Algorithm	Algorithmus	3.1.2
Algorithmic language	Algorithmische Sprache	3.1.2
Alpha-beta-algorithm	Alpha-Beta-Algorithmus *Klasse von Suchstrategien durch MIN-/MAX-Auswahlen*	
Analysis	Analyse	6.3.3
Analytic knowledge	Analytisches Wissen	6.1.2

AND/OR-graph	UND/ODER-Graph *Graphische Darstellung, bei der die Knotenverbindung eine logische UND- oder ODER-Verknüpfung darstellt*	
AO*-algorithm	AO*-Algorithmus *Klasse von Suchstrategien*	
Arc	Kante	5.4.1
Architecture	Architektur	6.2
Artificial Intelligence	Künstliche Intelligenz	1
Associative tripel	Assoziatives Tripel	6.3.2.4
Atomic formula	Atomare Formel *Individuelles Prädikat*, s. a.	5.3.1.2
Automatic theorem prover	Automatischer Theorembeweiser	6
Axiom	Axiom	3.1.3
Backtracking	Rücksetzen *Rücksetzen von Teilschritten bei erfolgloser Suche*	
Backward chaining	Rückwärtsverkettung	6.3.2.5
Blackboard system	Tafelsystem	6.2.7
Breadth-first search	Breitensuche *Suchstrategie, bei der der Lösungsraum zuerst auf einer Ebene durchsucht wird*	
Call	Aufruf	5.6
Certainty factor	Siehe confidence factor	
Class	Klasse	5.5
Clause set	Klauselbasis	6.2.4
Conclusion	Konklusion	5.8
Confidence factor	Vertrauensfaktor	6.3.2.5
Conflict resolution	Konfliktlösung	6.3.2.5

Conflict set	Konfliktmenge	6.3.2.5
Conjunction	Konjunktion *Durch den Operator UND verknüpfter logischer Gesamtausdruck*	
Constraints	(Randbedingungen, Relationen)	5.1
Constraint propagation	(Vorwärtsberechnen der Randbedingungen)	5.1
Constraint satisfaction	(Erfüllung der Randbedingungen)	5.1
Declarative knowledge	Deklaratives Wissen *Meist benutzt als Gegensatz zu prozeduralem Wissen*	
Data base	Datenbasis	6.2.6
Data driven	Datengesteuert	6.3.2.5
Deduction	Deduktion	3.1.3
Default	Standardwert	6.3.2.4
Demon	Dämon *Hintergrundprozesse, z. B. im Zusammenhang mit Tafelsystemen*	
Depth-first search	Tiefensuche *Suchstrategie, bei der der Lösungsraum zuerst bis in die tiefste Ebene durchsucht wird*	
Disjunction	Disjunktion *Durch den Operator ODER verknüpfter logischer Gesamtausdruck*	
Domain	Fachbereich	2
Domain expert	Fachexperte	4.2
Domain knowledge	Fachwissen	4.2
Entry conditions	Eintrittsbedingungen	5.10

Establish-refine	( ) *Diagnosestrategie, bei durch strenge Rückwärtsverkettung und anschließende Bestätigung/Verfeinerung der Nachfolger vorgegangen wird*	
Expert	Experte	4.2
Expert system	Expertensystem	6.1
Expert system shell	Expertensystem-Entwicklungsumgebung	6.4.1
Expectation driven	Siehe data driven	
Fact	Fakt, Tatsache *Wahre Aussage, s. a.*	6.2.4
Firing	Feuern	6.3.2.5
First-order predicate calculus	Prädikatenlogik 1. Ordnung	5.3.1.2
Forward chaining	Vorwärtsverkettung	6.3.2.5
Frame	(Rahmen) *Objektorientierte Darstellung, vgl. a.*	5.5
Function	Funktion	5.6
Fuzzy logic	Fuzzy-Logik	5.3
Generate-and-test	( ) *Verfahren, bei dem zuerst generierte Lösungen anschließend getestet werden*	
Goal-driven	Zielgesteuert	6.3.2.5
Heuristics	Heuristiken	3
Heuristic knowledge	Heuristisches Wissen	3
Heuristic function	Heuristische Beschreibung	3.2.2
Heuristic search	Heuristische Suche	3.2.1
Horn clause	Hornklausel	5.3.1.2

Hill climbing	( ) *Suchstrategie, bei der bei jeder Suchentscheidung die lokal optimierende Lösung gewählt wird*	
Hybrid system	Hybrides System	6.2.2
Hypothesize-and-test	( ) *Diagnosestrategie, bei der durch Vorwärtsverkettung Verdachtshypothesen erzeugt werden, die durch Rückwärtsverkettung überprüft werden*	
Implication	Implikation	5.8
Induction	Induktion	4.1
Inference	Ableitung, Inferenz	6.3.2.5
Inference system	Ableitungs-Inferenzsystem	6.2.4
Inheritance	Vererbung	5.5
Instance	Instanz	5.5
Instantiation	Instantiierung	5.5
Knowledge	Wissen	1
Knowledge acquisition	Wissenserwerb	4
Knowledge base	Wissensbasis	6.3.1
Knowledge based system	Wissenbasiertes System	6
Knowledge consultation	Wissenskonsultation	6.3.4
Knowledge domain	Wissensbereich	2
Knowledge engineer	Wissensingenieur	4.3
Knowledge representation	Wissensrepräsentation	5
Knowledge types	Wissensarten	3

Learning	Lernen	4.1
Left-hand-side	( )	6.3.2.5
Link	Kanten, Verbindungen	5.4.1
Literal	Literal	6.3.2.3
Logic	Logik	5.3
Membership function	Zugehörigkeitsfunktion	5.3.2.1
Meta-knowledge	(Meta-Wissen) *Kontrollwissen über die richtige Anwendung von Wissensfragmenten*	
Method	Methode	5.5
message	Botschaft, Nachricht	5.5
Modal logic	Modallogik	5.3.2.2
Model based system	Modellbasiertes System	6.1.2
Natural language system	Natürlichsprachliches System	6
Neural nets	Neuronale Netze	5.2
Node	Knoten	5.4.1
Nonmonotonic logic	Nicht-monotone Logik	5.3.2.3
Object	Objekt	5.5
Operator	Operator	5.3.1.1
Parameter	Parameter	5.6
Pattern matching	( ) *Grundstrategie durch Vergleich symbolischer Strukturen auf Übereinstimmung*	
Predicate	Prädikat	5.1
Probabilistic reasoning	Probabilistisches, unsicheres Schließen *Schließen mit Unsicherheiten, die*	

	zumeist durch die Berechnung von Wahrscheinlichkeiten modelliert werden, vgl. a.	6.3.2.5
Prob	Requisite	5.10
Procedure	Prozedur	5.6
Procedural attachment	Prozedurale Anknüpfung *Anbindung von Prozeduren in einer nicht-prozeduralen Umgebung, s. a.*	5.6
Production system	Produktionssystem	6.2.6
Properties	Eigenschaften	6.3.2.4 5.4.1
Property inheritance	Vererben von Eigenschaften	6.3.2.4
Reasoned assumptions	(begründete Annahmen)	5.3.2.3
Representation	Repräsentation	5
Resolution	(Auflösung)	6.3.2.3
Right-hand-side	( )	6.3.2.5
Robotics	Robotik	6
Roles	Rollen	5.10
Rote learning	Wiederholendes Lernen	4.1
Rule based system	Produktionssystem	6.2.6
Rule	Regel	5.8
Scripts	Skripte	5.10
Semantic nets	Semantische Netze	5.4.1
Shallow knowledge	Oberflächenwissen	6.1.1
Slot	(Fach)	6.3.2.4
State space	Zustandsraum	6.2.3
Symbol	Symbol	1
System objects	Systemobjekte	6.2.5

System predicates	Systemprädikate	6.2.4
Temporal logic	Zeitlogik	5.3.2.4
Truth maintenance system	( ) *Subsystem zur Erhaltung der Konsistenz bei nicht-monotonen Ableitungssystemen*	
Unification	Unifikation	6.3.2.3
Vision system	Bildverarbeitendes System	6
Working memory	Arbeitsspeicher *Zumeist für den während einer Bearbeitung variablen Teil der Wissensbasis*	

Stichwortverzeichnis

Ableitung 3.1.3, **5.3/28**
Ableitungssysteme **6.2.4/62**
Abstrakter Automat 3.1, **3.1.1/16**
ACT1 **6.2.1/59**
ACT2 **6.2.1/59**
ACT3 **6.2.1/59**
Aktionsteil **5.8/47**
Aktivierungsgrad **6.2.3/61**
Aktivierungszustand **6.2.3/61**, 6.3.2.2
Aktoren **5.7/46**, 6.2.1, 6.3.2.1
Aktorsystem 5.7, **6.2.1/59**, 6.3.2.1
Algorithmische Sprachen **3.1.2/16**
Algorithmus 3.1, **3.1.2/16**
Analyse 3.1, 4.3, **6.3.3/73**, 6.4.1
Analytik 3, **3.1/15**
Analytisches Wissen 3, **6.1.2/57**
Architektur 6.1.1, **6.2/59**
ART **6.4.1/77**
Assoziative Tripel **6.3.2.4/71**
Attribute **5.4.1/40**, 5.9, 6.3.2.4
Aufruf **5.6/45**, 6.3.2.4
Ausgabe **6.3.4/75**
Aussage **5.3/28**, 5.3.1.1, 5.3.1.2, 5.3.2.2, 5.3.2.3, 5.3.2.4, 6.2.4, 6.3.2.3
Aussagenlogik 5.3, **5.3.1.1/30**, 5.3.2.2, 5.3.2.3
Automatische Theorembeweiser **6/53**
Automatic theorem prover **6/53**
Axiom **3.1.3/18**
Axiomensystem 3.1, 3.1.2, **3.1.3/18**

Babylon **6.2.2/60**, 6.4.1
Bedingungsteil **5.8/47**, 6.3.2.5

Begründete Annahmen **5.3.2.3/36**
Beweisverfahren **5.3/29**, 5.3.1.1
Bildverarbeitendes System **6/53**
Blackboard **6.2.7/64**
Botschaften **5.5/42**, 5.7

Clause set **6.2.4/62**
Confidence factor **6.3.2.5/73**
Conflict resolution **6.3.2.5/72**
Conflict set **6.3.2.5/72**
Constraints **5.1/26**
Constraint propagation **5.1/26**
Constraint satisfaction **5.1/26**

Datenbasis **6.2.6/64**
Deduktion **3.1.3/18**, 5.8
Default **6.3.2.4/71**
Dokumentation **6.3.3/74**, 6.4.1
Domain (knowledge) **2/14**, 4.2, 5

Editor **6.3.3/74**, 6.4.1
Eintrittsbedingung **5.10/51**
Empirie **3.2/18**
Entscheidbarkeit **3.1.2/17**, 5.3.1.1, 5.3.1.2
Entwicklungsumgebung **6.4.2/78**
Erfahrungsmodell **3.2/18**
Erfüllung von constraints **5.1/26**
Erklärung **6.3.4/75**
Ether **6.2.1/59**
Experte 1, 4, **4.2/23**, 4.3, 6, 6.1.1, 6.3.1, 6.3.3
Expertensystem 1, 3.1.2, 6, **6.1.1/55**, 6.4.1, 6.4.2
Expertensystemrahmen **6.4.1/77**

Expertensystemschale 4.3, **6.4.1/77**, 6.4.2
Expert system **6/53**
Expert system shell **6.4.1/77**

Fach **6.3.2.4/70**
Feuern **6.3.2.5/72**
Funktion **5.6/45**
Fuzzylogik 5.3, **5.3.2.1/33**, 6.3.2.5

Gewichte **6.2.3/61**

HEARSAY-II **6.2.7/65**
Heuristisches Wissen **3/15**
Heuristik 3, **3.2/18**, 5.3.2.3, 6.1.2
Heuristische Beschreibung 3.2, **3.2.2/20**
Heuristische Suche 3.2, **3.2.1/19**
Heuristisches Verfahren **3.2.1/19**
Hornklausel **5.3.1.2/32**, 6.2.4
Hybrides System **6.2.2/60**, 6.4.1

Implikation **5.8/47**
Induktives Lernen **4.1/22**
Inferenz **6.3.2.5/72**
Inferenzsystem **6.2.4/62**
Inkrementelles Lernen **4.1/22**
Instantiierung **5.5/43**, 6.2.5, 6.3.2.4
Instanz 5.4.1, **5.5/43**, 5.10

Kanten **5.4.1/40**
KEE **6.2.2/60**, 6.4.1
KES **6.4.1/77**
KI-Entwicklungsumgebung 4.3, **6.4.2/78**
Klasse **5.5/43**, 6.2.5
Klassische Logik **5.3.1/30**
Klausel **5.3.1.2/32**, 6.2.4

Klauselbasis **6.2.4/62**
Knoten **5.4.1/40**
Knowledge Craft **6.4.1/77**
Konfliktlösung **6.3.2.5/72**
Konfliktmenge **6.3.2.5/72**
Konnektionismus **5.2/27**
Konnektionistisches System 1, 5.2, **6.2.3/61**, 6.3.2.2
Konklusion **5.8/47**
Künstliche Intelligenz **1/11**, 6

Left-hand-side **6.3.2.5/72**
Lernen **4.1/22**, 5.2, 6.3.5
LISP 6.2.4, **6.4.2/78**
Literal **6.3.2.3/68**
Logik 5, **5.3/28**, 6.2.4
Logikorientierte Systeme **6.2.4/62**, 6.3.2.3
LOOPS **6.2.2/60**

MAINTEX **6.4.1/77**
Maschinelles Lernen **4.1/22**, 5.2
Mathematische Logik 3.1.2, **5.3/28**
Membership function **5.3.2.1/33**
Methode 5.4.1, **5.5/42**, 5.6, 6.3.2.4
Modalität **5.3.2.2/34**
Modallogik 5.3, **5.3.2.2/34**
Modellbasiertes System 6.1.1, **6.1.2/57**
MYCIN **5.8/48**, 6.3.4

Nachricht **5.5/42**, 5.7, 6.2.1, 6.2.5, 6.3.2.1, 6.3.2.4
Natürlichsprachliches System **6/53**
Natural language system **6/53**
Neuronale Netze **5.2/28**, 5.4.2
Netze 5, **5.4/40**
Nicht-klassische Logik 5.3, **5.3.2/33**

Nicht-monotone Logik **5.3.2.3/36**, 6.3.2.3
Normalform **5.9/49**

Objekte 5, 5.1, 5.4.1, **5.5/42,** 5.7, 5.10, 6.2.5, 6.3.2.4, 6.3.3
Objektorientiertes System 5.7, 6.2.3, **6.2.5/63**, 6.3.2.1, 6.3.2.4
Omega **6.2.1/59**
Operator 5.3, **5.3.1.1/30,** 5.3.1.2, 5.3.2.2, 5.3.2.4

Parameter **5.6/45**
Prädikat 5.1, **5.3.1.2/30,** 5.3.2.2, 5.3.2.4, 5.9, 6.2.4, 6.3.2.3
Prädikatenlogik 5.3, **5.3.1.2/30,** 5.3.2.2, 5.3.2.3, 5.3.2.4, 6.2.4
Prämisse **5.8/47**
Probs **5.10/51**
Produktionssystem 6.2.2, **6.2.6/64**, 6.3.2.5
Prolog **5.3.1.2/32**, 6.2.4, 6.3.2.3, 6.4.2
Propagierung von constraints **5.1/26**
Properties 5.4.1, **6.3.2.4/71**
Prozedurale Ankopplung **6.3.2.4/71**
Prozedurale Sprachen 3.1.2
Prozedur 3.1.2, **5.6/45**

Quantor **5.3.1.2/31**

Reasoned assumptions **5.3.2.3/36**
Regeln **5.8/47**, 6.2.6, 6.3.2.5
Regelmenge **5.8/47**, 6.2.6, 6.3.3
Relationales Datenmodell **5.9/48**
Relationale Datenstruktur **5.9/48**

Relationale Operationen **5.9/48**
Requisiten **5.10/51**
Resolution **6.3.2.3/68**
Robotics **6/53**
Robotik **6/53**
Rolls **5.10/51**
Rollen **5.10/51**
Rote learning **4.1/22**
Rückwärtsverkettung **6.3.2.5/72**
Rulemaster **6.4.1/77**

S.1 **6.4.1/77**
Schlüssel **5.9/49**
Scripts **5.10/51**
Semantische Netze **5.4.1/40**
Skripte **5.10/51**
Slot **6.3.2.4/70**
Smalltalk **6.3.2.4/71**, 6.4.2
Standardwert **6.3.2.4/71**
Symbol **1/12,** 5

Tafelsystem **6.2.7/64**
Temporal logic **5.3.2.4/37**
Testbench **6.4.1/77**
Twaice **6.4.1/77**

Variable **5.5/42**
Verbindungsgewicht 6.2.3, **6.3.2.2/68**
Verbindungsstärke **6.2.3/61**
Vererbung **5.5/43**, 6.2.5, 6.3.3
Vertrauensfaktor **6.3.2.5/73**
Vision system **6/53**
Vorbedingung **5.8/47**
Vorwärtsverkettung **6.3.2.5/73**

Werkzeuge **6.4/77**
Wiederholendes Lernen **4.1/22**
Wissen **1/11,** 2, 3, 4, 4.2, 4.3, 5, 5.2, 5.3.2.3, 5.4.1, 5.6, 5.8, 6.1.1, 6.3.1, 6.3.3, 6.4.1
Wissensarten 1, **3/15,** 6.1.2

Wissensbasiertes System 3.2.2, 4, 4.1, 5.6, 5.9, **6/53,** 6.1.2, 6.2.7, 6.3.1, 6.3.4
Wissensbasis 4, 4.1, 4.2, 4.3, 6.1.1, 6.1.2, 6.2.2, **6.3.1/66,** 6.3.2.3, 6.3.3, 6.3.5, 6.4.1
Wissensbereich 1, **2/14**
Wissenseingabe 4, 6.1.1, **6.3.3/73,** 6.4.1
Wissenserwerb 3.2.2, **4/21,** 4.1, 4.2, 5
Wissensingenieur 4, 4.1, 4.2, **4.3/24**
Wissenskonsultation 6.1.1, **6.3.4/75**

Wissensrepräsentation 1, 3.2.2, 4, 4.3, **5/25,** 5.2, 6.1.1, 6.2, 6.2.2, 6.3.2.3, 6.3.3, 6.3.4, 6.4.1
Wissensverarbeitung 1, 5, 6.1.1, 6.1.2, 6.2.2, 6.2.4, 6.2.7, 6.3.1, **6.3.2/67,** 6.3.4, 6.4.1, 6.4.2
Wissensverwaltung 6.1.1, **6.3.5/76**

Zeitlogik **5.3.2.4/37**
Zugehörigkeitsfunktion **5.3.2.1/33**
Zustandsraum **6.2.3/61**